法務担当者のための
契約実務
ハンドブック

弁護士 辺見 紀男 【編】
弁護士 武井 洋一

商事法務

はじめに──本書の特徴とコンセプト

　本書は、『実務ハンドブックシリーズ』の第5弾として、民法（債権法）の改正に伴い、既存の契約書の見直しやこれから締結予定の契約書の作成などについて、契約実務に携わる方々が注意すべき問題に焦点を絞り、ポイントをまとめたものです。

　民法は、債権法の分野を中心に、今般、全面的な見直しが図られ、改正法は、2017年5月に「民法の一部を改正する法律」（平成29年法律第44号）として成立し、同年6月に公布され、一部の例外を除いて2020年4月1日から施行されることとなりました。

　1896年に制定された民法は、今日まで120年あまりにわたって、わが国の民事に関する基本法として適用され、とりわけ債権法の分野は、国民のさまざまな契約などに関する基本ルールの役割を果たしてきました。

　そのため、今般の改正事項の多くは、これまでの判例の集積や法律解釈に基づく運用等をふまえたものとなっており、新たな規律を設けるものは多くありません。また、消滅時効や保証など強行規定とされるものもありますが、任意規定も多く、改正内容が強制されるとは限りません。

　とはいえ、契約実務においては、強行規定を取り入れることにとどまらず、改正条項が任意規定だとしても、改正によって規律が変わるのであれば、現行契約の規定を維持すべきか、見直して新たな規定を置くべきかについての検討が必要です。さらには、任意規定であり、かつ、改正によって規律の実質的な変更がない場合であっても、当事者間の権利義務関係を明確化するために契約書の条項を見直した方が望ましいという場面もあるでしょう（第1章Q2より）。

　本書では、そうした現場での悩みや疑問を多く取り上げました。また、本書の執筆に際しては、弁護士会において民法改正過程を通じて深く検討を続けた弁護士を編集リーダーとし、また、企業内で契約実務を数多く担当する弁護士にも参加してもらい、現場の疑問を想定し、これに対応する内容になるよう工夫しました。

本書が契約実務に携わる多くの実務家の皆様のお役に立つことになれば、執筆者全員にとってこの上ない喜びです。ぜひ本書をお手元に置いて「ハンドブック」としてご活用いただければ幸いです。

　本書の出版にあたっては、株式会社商事法務書籍出版部の岩佐智樹氏、水石曜一郎氏に、企画段階から執筆陣に対する励ましと充実したサポートをいただき、大変お世話になりました。この場をお借りして厚く御礼を申し上げます。

2019年2月吉日

弁護士　辺見紀男
弁護士　武井洋一

目次

第1章 改正の全体像

1 2017年改正の概略 ——1
(1) 改正の全体像 ——1
- Q1 2017年の民法改正の全体像を教えてください。 1

(2) 改正のポイント ——2
- Q2 2017年の民法改正において、現行契約の見直しという観点から、特にポイントとなる点はどこにありますか。 2

2 経過措置 ——3
(1) 経過措置全般 ——3
- Q3 改正民法施行日前に締結していた契約はどのように取り扱われるのでしょうか。 3

(2) 基本契約と個別契約 ——4
- Q4 改正民法施行日前に締結した基本契約に基づき、改正民法施行日以後に個別契約を締結した場合には、どのように取り扱われるのでしょうか。 4

第2章 各章に共通する重要な改正点

1 定型約款 ——5
(1) 定型約款の合意 ——5
- Q1 民法改正で新設された「定型約款」に関する規定は、どのような内容でしょうか。 5
- Q2 改正民法が定める「定型約款」とは、具体的にはどのようなものでしょうか。 6
- Q3 「定型約款」に関する規定は、事業者間（BtoB）の取引、たとえば会社で用意している「契約書ひな型」などにも適用されますか。 6
- Q4 従来「約款」とされていたものが「定型約款」に該当しない場合にはどのようになるのでしょうか。 7
- Q5 「定型約款」では、どのような内容であっても契約の内容として合意したものとみなされるのですか。 7
- Q6 「定型約款」としてのみなし合意が否定される場合の、「第1条第2項に規定する基本原則に反して相手方の利益を一方的に害すると認められるもの」

(改正民548条の2第2項)に該当する条項とはどのようなものでしょうか。 8
- **Q7** 「定型約款」の条項は、「第1条第2項に規定する基本原則に反して相手方の利益を一方的に害すると認められる」場合にはどうなりますか。 8

(2) 定型約款の変更 ─────────────────── 9
- **Q8** 「定型約款」は、成立後にその内容を変更できますか。また、相手方に不利益な内容に変更できますか。 9
- **Q9** 「変更することがある」というような条項がなければ、「定型約款」を変更することができないのでしょうか。 9
- **Q10** 「定型約款」の変更によって相手方に与えていた利益の額(たとえばポイント数やポイント率)などを減らすことは、可能でしょうか。 10
- **Q11** 約款の不利益変更に関し、これまでに裁判例ではどのような点が重視されているのでしょうか。これらのうち、改正民法のもとでも、引き続き重要と考えられるのはどのような解釈ですか。 10
- **Q12** 「定型約款」の変更を行う際の周知について、どのような点に気をつけて実施すべきでしょうか。 11

(3) 経過措置 ─────────────────── 12
- **Q13** 定型約款に関する改正民法の規定の適用に関する経過措置はどのようになっているのでしょうか。改正民法施行に備えてどのような対応をすべきでしょうか。 12

2 時効 ─────────────────── 13
- **Q14** 時効制度はどのように変わったのでしょうか。 13
- **Q15** 時効制度の変更により、契約の管理上注意すべきことはありますか。 13
- **Q16** 時効期間が変わったことによる契約実務への影響はどのようなものがありますか。 14
- **Q17** 改正民法では、151条において、新たな時効完成猶予事由として「協議を行う旨の合意」に関する規定が追加されましたが、この合意をする場合、どのような点に気をつける必要がありますか。 14
- **Q18** 従前の契約書に規定されていた「協議条項」は、改正民法で新設された時効の完成猶予としての「権利についての協議を行う旨の合意」にあたりますか。 15
- **Q19** 時効に関する経過措置はどのようになっているのでしょうか。契約実務上の影響はないのでしょうか。 15

3 錯誤などの意思表示のルール ─────────────────── 17

(1) 錯誤 ─────────────────── 17
- **Q20** 改正民法では、錯誤による意思表示のルールはどのように変わったのでしょうか。 17

(2) その他の意思表示のルール ─────────────────── 18
- **Q21** 改正民法では、意思表示に関するルールについて、錯誤以外に変わったところはありますか。 18
- **Q22** 改正民法の施行により、施行日前の瑕疵ある意思表示、意思の欠缺に影響は生じるのでしょうか。 18

第3章　売買

1　売買全般 ——————————————————————————— 19
- **Q1**　民法改正に伴い、売買契約書で特に見直すべき条項はどれでしょうか。　19
- **Q2**　売主は、同じ商品を買う者に対して同じひな型の契約書を交付しています。このような契約書を使う場合に気をつけることはありますか。　19

2　継続的売買契約・動産売買契約 ——————————————— 21

(1)　申込みと承諾（成立）———————————————————— 21
- **Q3**　民法改正に伴い、当社の用いている注文書の内容を改める必要はありますか。　21
- **Q4**　現行契約書では、売主が注文請書を発送した時点で売買契約が成立すると規定していますが、この条項を修正する必要はありますか。　21

(2)　瑕疵担保責任の定めをどうすべきか（契約不適合責任）———— 22
- **Q5**　現行契約書における瑕疵担保責任の定めは、改正民法下でどのように改正されたのでしょうか。　22
- **Q6**　これまで「瑕疵」という文言を用いていた契約条項を改正民法に沿うようにするには、どのような表現が適切でしょうか。　22
- **Q7**　現行契約書では、目的物が契約の内容に適合しない場合の売主の修繕義務などについて特に定めがないのですが、契約書をこのまま使用した場合、改正民法ではどのように処理されますか。　23
- **Q8**　目的物が契約の内容に適合しない場合、修繕ではなく新品に交換（代替物の交付）してもらいたいのですが、契約書上、どのような規定にすればよいでしょうか。　24
- **Q9**　現行契約書は、瑕疵担保責任を追及する場合、事実を知った時から1年以内に請求をしなければならないと定めているのですが、買主として、どのように改定すべきでしょうか。　24
- **Q10**　瑕疵担保責任に関し、現行契約書では売主の帰責事由の有無には触れていませんが、改正民法下では、この点を変更した方がよいでしょうか。　25
- **Q11**　現行の不特定物の売買契約書に関し、数量が不足する場合に備え、注意すべき点はありますか。　26

(3)　債務不履行責任の定めをどうすべきか（損害賠償）——————— 27
- **Q12**　現行契約書では、売買代金の遅延損害金の利率を年14.6％と定めています。改正民法下では、この条項を見直す必要はありますか。　27
- **Q13**　現行契約書に売買代金の遅延損害金の規定がない場合、遅延損害金の利率はどうなるのでしょうか。　27
- **Q14**　現行契約書では、売主が損害発生を予見しあるいは予見可能であった場合に損害賠償義務を負うとなっていますが、改正民法416条2項にあわせて「予見すべきであったとき」と修正すべきでしょうか。　28
- **Q15**　現行契約書には、損害賠償額の予定の条項があるのですが、改正民法下で何か変更すべき点はありますか。　29

(4) 債務不履行責任の定めをどうすべきか（解除・危険負担） ─── 30

- **Q16** 改正民法下では、不可抗力の場合の契約の解除に関する条項は、改める必要があるでしょうか。 30
- **Q17** 現行契約書には、債権者に帰責事由がある場合の解除について特段の定めがないのですが、民法改正を機に契約書の条項に明記した方がよいでしょうか。 31
- **Q18** 現行契約書には債務不履行が軽微である場合の解除の可否について、何も定めていないのですが、今後の契約書にはこの条項を置いた方がよいでしょうか。 31
- **Q19** 現行契約書では、催告解除ができる事由が列挙されているのですが、これらの事由に該当する場合であっても「軽微」な不履行と判断される場合には解除ができないのでしょうか。 32
- **Q20** 現行契約書には、商品の引渡し後であっても、検収前に商品が滅失した場合には、買主の帰責性が認められるときを除き、売買代金を支払わなくてもよいとの規定があります。改正民法下では、このような規定は無効になるのでしょうか。 32

(5) その他 ─── 34

- **Q21** これから締結する契約の契約書に、「引渡し後〇日以内に検収をすること」、「検収時に危険が移転すること」と定めることはできますか。 34
- **Q22** 現行契約書には、契約に基づき発生する債権の譲渡禁止特約が定められているのですが、修正しなければならないでしょうか。 34
- **Q23** 現行契約書には、債権譲渡禁止特約に違反した場合の違約金の定めがあるのですが、このような規定は無効となりますか。 34
- **Q24** 現行契約書には、契約上の地位の移転の禁止の規定があるのですが、この規定を改めなければならないでしょうか。 35
- **Q25** 現行契約書には、改正民法で定められた債務者の履行状況に関する受託保証人に対する情報提供や個人の保証人に対する期限の利益の喪失に関する通知の定めがありません。改正民法施行日以後、この点については何か影響がありますか。また、改正民法施行日以後に締結する契約書については、これらの規定を盛り込む必要がありますか。 35

3 不動産売買契約 ─── 37

(1) 手付に関する定めをどうすべきか ─── 37

- **Q26** 手付金に関する条項を改める必要はありますか。 37

(2) 買戻しに関する定めをどうすべきか ─── 38

- **Q27** 買戻特約に関する条項を改める必要はありますか。 38

(3) 登記に関する定めをどうすべきか ─── 39

- **Q28** 売主の所有権移転登記手続への協力義務に関する条項を改める必要はありますか。 39

(4) 瑕疵担保責任の定めをどうすべきか（契約不適合責任） ─── 40

- **Q29** 瑕疵担保責任に関する条項を見直す必要はあるでしょうか。 40

Q30 現行の不動産売買契約書では、瑕疵担保責任の免責条項を定めていますが、これを改める必要はあるでしょうか。 41
Q31 現行の不動産売買契約書では、不動産に「隠れた瑕疵」があった場合に売主が瑕疵担保責任を負う期間を定めていますが、この条項を改める必要はあるでしょうか。 41
Q32 改正民法では、不動産の瑕疵について売主に帰責事由がない場合、瑕疵について損害賠償を請求することはできますか。 42
Q33 改正民法では、不動産に心理的・環境的な瑕疵があった場合に売主の担保責任を追及することができますか。 43
Q34 改正民法で、買主の追完請求権に関する条文が新設されたことを受け、現行の不動産売買契約書をどのように改めればよいでしょうか。 44
Q35 買主の代金減額請求権に関する条文が見直されたことを受け、現行契約書をどのように改めればよいでしょうか。 45
Q36 不動産の瑕疵に基づく損害賠償義務の範囲は、改正民法で変更されたのでしょうか。 46
Q37 改正民法施行日前に締結された売買契約によって引き渡された不動産について、施行日以後に瑕疵が発見された場合、改正前民法と改正民法のどちらの法律が適用されるのでしょうか。 47

(5) 債務不履行責任の定めをどうすべきか（損害賠償） ─── 48
Q38 現行の不動産売買契約書の契約違反による損害賠償に関する条項を改める必要はありますか。 48

(6) 債務不履行責任の定めをどうすべきか（解除・危険負担） ─── 49
Q39 現行の不動産売買契約書の解除に関する条項を改める必要はありますか。 49
Q40 現行の不動産売買契約書の危険負担に関する条項を改める必要はありますか。 50

(7) その他 ─── 51
Q41 改正前民法と改正民法では、不動産売買契約を錯誤によって解消できる場合に差異はありますか。 51
Q42 競売による不動産の買受人の権利に変更点はありますか。 51
Q43 買主が代金の支払いを拒絶できる場合を定めた条文が見直されたことで、現行の不動産売買契約書を改める必要はありますか。 52

4 株式譲渡・事業譲渡契約 ─── 54
(1) 表明保証条項をどうすべきか ─── 54
Q44 民法改正に伴い、表明保証条項を改める必要はありますか。 54

(2) 債務不履行責任の定めをどうすべきか（損害賠償・解除・危険負担） ─── 55
Q45 民法改正に伴い、現行契約書の解除に関する条項を改める必要はありますか。 55
Q46 契約締結後、クロージングまでの間に、対象株式の評価にかかわる不動産が滅失した場合には、それに相当する金額を株式の代金額から減額するとの内容の条項は、改正民法下で改める必要はありますか。 55

- Q47 現行契約書中、表明事項・保証事項が真実でないことがわかった際に損害賠償請求できる旨の規定がありますが、これを改める必要はありますか。 56

(3) 譲渡契約に基づく義務を保証する条項をどうすべきか ─────── 57
- Q48 民法改正に伴い、現行の株式・事業譲渡契約書などにおける個人保証の条項を改める必要はありますか。 57

(4) 譲渡対象資産・負債の移転に関する定めをどうすべきか
（契約上の地位の移転・債権譲渡・債務引受） ─────── 58
- Q49 譲渡対象資産のなかに「契約上の地位」が含まれる場合、民法改正に伴って改めるべき点はありますか。 58
- Q50 譲渡対象資産のなかに「債権」が含まれる場合、民法改正に伴って改めるべき点はありますか。 59
- Q51 事業譲渡に伴って移転される対象のなかに「債務」が含まれる場合、民法改正に伴って改めるべき点はありますか。 60

第4章　消費貸借

1　消費貸借に関する改正点 ─────── 62
- Q1 民法改正では消費貸借契約についてどのような見直しがなされたのでしょうか。 62
- Q2 民法改正に伴い、現行の消費貸借契約書を見直す必要はありますか。 62

2　書面でする消費貸借（諾成的消費貸借） ─────── 63

(1) 諾成的消費貸借の明文化 ─────── 63
- Q3 改正民法のもとで、消費貸借の予約をするメリットはありますか。 63
- Q4 民法改正で認められた諾成的消費貸借契約を、口頭で締結することはできますか。 63
- Q5 メールなどで諾成的消費貸借契約を締結することはできますか。 64

(2) 諾成的消費貸借契約の解除条項をどうすべきか ─────── 65
- Q6 諾成的消費貸借契約について、貸主が金銭等を交付する前に借主が解除することはできますか。 65
- Q7 民法改正を受け、諾成的消費貸借契約の借主による解除権（改正民587の2第2項）に関して、金銭消費貸借契約書を見直した方がよいでしょうか。 65
- Q8 諾成的消費貸借契約の締結後、金銭の交付前に借主が破産手続開始決定や民事再生手続開始決定を受けた場合について、契約書に何も規定がないのですが、そのような場合でも金銭の交付義務を負うのでしょうか。 66

3　利息 ─────── 68
- Q9 民法改正を受け、現行の消費貸借契約書について、利息の規定を見直す必要はありますか。 68

4 期限前弁済 ─────────────────────── 69
Q10 消費貸借契約書で、金銭の返還時期を定めましたが、借主が期限前に返還することは可能ですか。また、民法改正を受け、期限前弁済に関して契約書を見直すべき点はあるでしょうか。　69

5 準消費貸借 ─────────────────────── 71
Q11 民法改正を受け、準消費貸借契約について、見直すべき点はあるでしょうか。また、準消費貸借契約について契約書を必ず作成する必要があるでしょうか。　71

6 保証人に関する定めをどうすべきか ─────────── 72
(1) 公正証書作成 ────────────────────── 72
Q12 民法改正を受け、事業資金のための金銭消費貸借契約で、個人が保証人となる場合に、契約締結に先立ちどのようなことが必要になりましたか。　72

(2) 請求の相手方 ────────────────────── 73
Q13 民法改正を受け、金銭消費貸借契約の連帯保証人に対する請求について、貸主として消費貸借契約書で明記すべきことは何でしょうか。　73

(3) 極度額の定め ────────────────────── 74
Q14 金銭消費貸借契約で個人に根保証を求める場合、民法改正を受け、契約書上見直すべき点はありますか。　74

(4) 情報提供義務 ────────────────────── 75
Q15 事業資金のための金銭消費貸借契約で、個人が連帯保証人となる場合に、民法改正を受け、貸主（債権者）が借主（主債務者）および保証人に確認すべき点は何ですか。　75

Q16 民法改正を受け、金銭消費貸借契約において、借主（主債務者）から委託を受けた保証人から貸主（債権者）に対して主債務の履行状況についての情報提供の請求があった場合、貸主（債権者）はどのように対応すべきですか。　75

Q17 民法改正を受け、金銭消費貸借契約書の期限の利益喪失の規定について見直すべき事項はあるでしょうか。　76

7 その他 ──────────────────────── 77
Q18 改正民法は施行日前に締結した消費貸借契約にも適用されるのでしょうか。　77

第5章　賃貸借

1 賃貸借に関する改正点 ───────────────── 78
Q1 民法改正では賃貸借契約について主にどのような改正がなされたのでしょうか。　78

Q2 改正民法施行に伴い、現行の賃貸借契約書はどのように見直すべきでしょうか。　78

Q3　民法改正を受け、賃貸借契約書の期間の定めを見直す必要はありますか。
　　　　　79

2　敷金に関する定めをどうすべきか ―― 80
　　　Q4　民法改正を受け、現行の賃貸借契約書のうち、敷金に関する条項について見直すべきでしょうか。　80
　　　Q5　賃貸借契約書において、賃借人が適法に賃借権を譲り渡した際の敷金の取扱いに関する規定について留意すべき点はありますか。　81

3　修繕・賃料減額に関する定めをどうすべきか ―― 82
　　　Q6　民法改正を受け、賃貸物の修繕に関する規定について、現行の賃貸借契約書を見直すべき点はありますか。　82
　　　Q7　民法改正を受け、賃借物の一部滅失等による賃料減額について、現行の賃貸借契約書を見直すべきでしょうか。　83

4　保証人に関する定めをどうすべきか ―― 85
(1)　保証債務の付従性 ―― 85
　　　Q8　契約締結後に主たる債務者の債務が加重された場合にも、保証人の負担は加重されない規定（改正民448条2項）の新設により、現行の賃貸借契約書の見直しなどの対応は必要でしょうか。　85
(2)　極度額の定め ―― 86
　　　Q9　賃貸借契約の連帯保証人を個人とする場合、現行の連帯保証条項についてはどのような見直しが必要でしょうか。　86
(3)　連帯保証人に対する請求の効果 ―― 87
　　　Q10　民法改正を受け、賃貸借契約を締結する場合、賃貸人の連帯保証人に対する請求について、明記すべきことはありますか。　87
(4)　情報提供義務 ―― 88
　　　Q11　民法改正を受け、事業用賃貸借契約において個人の連帯保証を求める場合、事前に賃貸人が注意する点、また契約書に盛り込むべき事項はありますか。　88
　　　Q12　主債務の履行状況に関する情報提供義務の新設（改正民458条の2）に伴い、連帯保証人を置く場合の現行の賃貸借契約書について見直すべき点はありますか。　88

5　転貸借に関する定めをどうすべきか ―― 90
　　　Q13　民法改正を受け、現行の賃貸借契約書の転貸借を認める規定について、見直す必要はありますか。　90
　　　Q14　民法改正を受け、賃貸借契約が解除により終了した場合の転貸借契約の取扱いに関して、現行の賃貸借契約書を見直す必要はありますか。　90

6　終了（期間満了・解除）に関する定めをどうすべきか ―― 92
　　　Q15　民法改正を受け、従来の信頼関係破壊の法理との関係で、現行の賃貸借契約書の債務不履行による解除条項を見直す必要がありますか。　92

- Q16 賃借物の一部滅失等における賃借人の解除権（改正民611条2項）に関する改正に伴い、現行の賃貸借契約書の解除事由を見直すべきでしょうか。 92
- Q17 民法改正を受け、賃貸借契約の終了事由としてつけ加える事由はありますか。 93

7 原状回復に関する定めをどうすべきか ——————————— 95
- Q18 民法改正を受け、現行の賃貸借契約書の原状回復義務の規定は見直すべきでしょうか。 95
- Q19 民法改正を受け、賃貸借契約書で通常損耗や経年変化も原状回復義務の対象とする特約を定めることはできますか。できる場合、注意点を教えてください。 96

8 その他 ——————————————————————— 98
- Q20 民法改正を受け、賃借人の妨害排除等請求権について賃貸借契約書で定める必要はありますか。 98
- Q21 民法改正に伴い、賃貸借契約書における譲渡禁止特約は見直すべきですか。 98
- Q22 賃貸不動産を取得した場合、不動産の譲受人は当該不動産に関する賃料債権を取得できないことがありますか。 99
- Q23 民法改正を受け、不動産の売買に伴い、賃貸借の賃貸人たる地位を移転するにあたって、取決めや手続について見直すべき点はありますか。 100
- Q24 改正民法のもとで、賃貸不動産譲渡後も賃貸人の地位を不動産譲渡人に留保する場合、当該留保の合意に関する規定について気をつけるべき点は何でしょうか。 101
- Q25 民法改正を受け、賃貸人の賃借人に対する損害賠償請求について、賃貸借契約書で見直すべき点はありますか。 102
- Q26 改正民法施行日前に締結した賃貸借契約には改正民法が適用されるのでしょうか。 102
- Q27 改正民法施行日前に締結された賃貸借契約にかかる保証契約について、改正民法施行日以後に賃貸借契約を更新した場合、保証契約について改正民法の適用を受けるのでしょうか。 103

第6章 請負・委任・雇用その他の労務提供契約

1 請負 ──────────────────────────── 105

(1) 請負に関する改正点 ──────────────────── 105

- **Q1** 改正民法において、請負契約の規律で見直された部分はどこでしょうか。 105

(2) 報酬に関する定めをどうすべきか ─────────────── 106

- **Q2** 民法改正を受け、現行の請負契約書のうち、請負人の報酬に関する条項は改める必要があるでしょうか。 106

(3) 担保責任に関する定めをどうすべきか(契約不適合責任) ────── 107

- **Q3** 民法改正では、請負人の担保責任に関してどのような改正がなされたのでしょうか。 107
- **Q4** 民法改正を受け、現行の請負契約書のうち、請負人の担保責任の要件に関する条項を改める必要があるでしょうか。 107
- **Q5** 民法改正を受け、現行の請負契約書のうち、請負人の担保責任に基づく修補義務に関する規定を改める必要があるでしょうか。 108
- **Q6** 民法改正を受け、現行の請負契約書のうち、請負人の担保責任に基づく契約解除に関する条項を改める必要があるでしょうか。 109
- **Q7** 民法改正を受け、現行の請負契約書のうち、請負人の担保責任の存続期間に関する条項を改める必要があるでしょうか。 109

(4) その他 ──────────────────────── 111

- **Q8** 民法改正を受け、現行の請負契約書のうち、注文者が破産手続開始決定を受けた場合の請負人による契約解除に関する条項を改める必要があるでしょうか。 111
- **Q9** 改正民法の施行により、施行日前に締結された請負契約への影響はあるでしょうか。 111

2 委任 ──────────────────────────── 112

(1) 委任に関する改正点 ──────────────────── 112

- **Q10** 民法改正では、委任契約について、どのような改正がなされましたか。 112

(2) 報酬に関する定めをどうすべきか ─────────────── 113

- **Q11** 委任事務処理の履行に対して報酬を支払う委任契約書について、民法改正を受けて、受任者の報酬に関する条項を改める必要があるでしょうか。 113
- **Q12** 委任事務の履行により得られる成果に対して報酬を支払う委任契約書について、民法改正を受けて、受任者の報酬に関する条項を改める必要があるでしょうか。 114

(3) その他 ──────────────────────────── 115
　Q13　民法改正を受けて、現行の委任契約書における復受任者の選任に関する条項を改める必要があるでしょうか。　115
　Q14　民法改正を受けて、現行の委任契約書における解除に関する条項を改める必要があるでしょうか。　115
　Q15　改正民法の施行により、施行日前に締結された委任契約への影響はあるでしょうか。　116

3　雇用 ──────────────────────────── 117

(1) 雇用に関する改正点 ──────────────────────── 117
　Q16　民法改正では、雇用契約についてどのような改正がなされたのでしょうか。　117
　Q17　民法改正を受け、雇用契約について、見直すべき点はありますか。特に労働基準法の適用のある労働契約の場合はどうでしょうか。　117

(2) その他 ──────────────────────────── 119
　Q18　改正民法で、履行割合に応じた報酬請求権の規定が新設されたことを受け、就業規則中の賞与の支給日在籍要件に関する条項を、改める必要がありますか。　119
　Q19　改正民法の施行日前に締結された雇用契約に影響はありますか。　119

4　業務委託 ──────────────────────────── 120

(1) 全般 ──────────────────────────── 120
　Q20　民法改正を受け、現行の業務委託契約書について、見直しが必要でしょうか。　120
　Q21　民法改正を受け、現行の業務委託契約書における再委託に関する条項を改める必要がありますか。　121
　Q22　民法改正を受け、現行の業務委託契約書の解除に関する条項は、改める必要がありますか。　121

(2) ソフトウェア開発契約・設計契約 ────────────── 123
　Q23　民法改正を受け、現行のソフトウェア開発契約書において、プログラムの瑕疵（契約不適合）に対する修正請求に関して、条項を改める必要がありますか。　123
　Q24　民法改正を受け、ソフトウェア開発契約書において、プログラムの瑕疵（契約不適合）に対する修正請求を行うことができる場合を規定する場合、注意ずべき点はありますか。　124
　Q25　民法改正を受け、現行のソフトウェア開発契約書において、プログラムの瑕疵（契約不適合）に対する修正請求ができる期間の制限に関する条項を改める必要がありますか。　124
　Q26　民法改正を受け、現行のソフトウェアの開発契約書について、開発業務が途中で終了した場合の報酬請求権に関する条項を改める必要がありますか。　125

Q27 民法改正を受け、現行のソフトウェア設計契約書の設計業務が途中で終了した場合を想定して、設計者の報酬請求権に関する条項を改める必要がありますか。　126

(3) コンサルタント契約 ──────────────────────── 128

Q28 民法改正を受け、現行のコンサルタント契約書について、見直す必要はありますか。　128

Q29 民法改正を受け、現行のコンサルタント契約書の報酬に関する条項について、改める必要がありますか。　128

Q30 民法改正を受け、弁護士との現行の顧問契約書を見直すべき点はありますか。　129

Q31 民法改正を受け、税理士・社会保険労務士・会計監査人・公認会計士・監査法人との現行の契約書について、見直すべき点はありますか。　130

(4) 経過措置 ──────────────────────────── 132

Q32 改正民法の施行日前に締結された業務委託関係の契約は、民法改正によって影響を受けますか。　132

5 製造物供給 ───────────────────────────── 133

Q33 当社は、A社から原材料を仕入れて加工し、B社に継続的に販売します。民法改正を受け、天災などでA社から原材料が入らない場合に備え、B社との現行契約書を改定する必要がありますか。　133

Q34 民法改正を受け、製造物供給契約書を作成するにあたり、供給した製品の品質が適当でない場合の規定についてどのような点に注意すべきですか。　133

Q35 民法改正を受け、製造物供給契約書を作成するにあたり、検収の規定についてどのような点に注意すべきですか。　134

第7章　債権譲渡・債務引受・更改

1 債権譲渡 ───────────────────────────── 135

(1) 総論 ─────────────────────────────── 135

Q1 債権譲渡について、民法改正ではどのような点が見直されたのでしょうか。　135

(2) 譲渡制限特約がある場合の債権譲渡の有効性 ─────────── 137

Q2 譲渡制限特約付債権の譲渡に関する改正を受け、現行の債権譲渡契約書の見直しは必要ですか。　137

(3) 譲渡人破産の場合における債務者の供託 ────────────── 138

Q3 債権譲渡を受けるにあたり、譲渡後に譲渡人が破産してしまった場合に備え、債権譲渡契約書の作成時に気をつけることはありますか。　138

- (4) 将来債権譲渡 ———————————————————————— 139
  - Q4 改正民法の将来債権譲渡についての定めは、どのような内容でしょうか。また、将来債権譲渡契約について、どのような点に気をつけるべきでしょうか。　139
- (5) 債権譲渡と契約上の地位の移転 ———————————————— 140
  - Q5 債権譲渡を目的の1つとして契約上の地位を譲受人に移転させる場合、契約時において留意することはありますか。　140
- (6) 将来債権譲渡と契約上の地位の移転 ————————————— 141
  - Q6 民法改正を受け、将来債権の譲渡契約に関し、譲渡対象債権の源となる契約上の地位が第三者に移転される場合に備え、留意することはありますか。　141
- (7) 債権の譲渡における債務者の抗弁 —————————————— 142
  - Q7 民法改正を受け、現行の債権譲渡契約書で、債務者の「異議をとどめない承諾」の取得を譲渡人の義務としている点について見直す必要がありますか。　142
  - Q8 改正法が債務者の「異議をとどめない承諾」による抗弁の切断の規律を廃止したことにより、債権譲渡の実務にはどのような影響が考えられますか。　142
- (8) 相殺目的の債権譲受け ———————————————————— 144
  - Q9 相殺に供することを目的として債権を譲り受ける場合、民法改正を受け、債権譲渡契約書を作成するにあたり気をつけることはありますか。　144
- (9) 経過措置 —————————————————————————— 145
  - Q10 改正民法の施行日前に生じている債権を施行日以後に譲渡する場合、改正民法と改正前民法のどちらの適用を受けるのでしょうか。　145

2 債務引受 ———————————————————————————— 146
- Q11 改正民法で債務引受が明文化されたことにより、実務上どのような影響がありますか。　146
- Q12 併存的債務引受契約の締結について、改正民法では、改正前民法から変更はありますか。　146
- Q13 免責的債務引受契約の締結について、改正民法では、改正前民法から変更はありますか。　147
- Q14 改正民法では、免責的債務引受の引受人は債務者に対し求償権を取得しないとされていますが、引受人が債務者に何らかの請求をすることはできないのでしょうか。　148
- Q15 改正民法では、債務引受を行った場合、債務者の有していた抗弁などはどのように扱われますか。　148
- Q16 改正民法では、債務引受を行った場合、引受人は債務者の有していた相殺権をもって債権者に対抗することはできますか。　149
- Q17 改正民法では、免責的債務引受が行われた場合、債務者が免れる債務に関する担保権や保証はどのように扱われますか。　149

Q18　改正民法施行日前に締結された債務引受契約に改正民法は適用されるのでしょうか。　150

3　更改 ── 151

(1)　総論 ── 151
　Q19　更改について、民法改正ではどのような点が見直されたのでしょうか。　151

(2)　債務者の交替による更改 ── 152
　Q20　民法改正を受け、債務者を交替する更改契約書を作成するにあたり見直すべき事項はありますか。　152

(3)　債権者の交替による更改
　　（債権者の交替による更改時の債務者抗弁の切断） ── 153
　Q21　民法改正を受け、債権者を交替する更改契約書を作成するにあたり特に留意すべき事項はありますか。　153

(4)　更改後の債務への担保の移転 ── 154
　Q22　債務に抵当権や質権その他の担保権（保証債権含む）の設定がある場合、民法改正を受け、更改契約書を作成するにあたり特に留意すべき事項はありますか。　154

(5)　経過措置 ── 155
　Q23　更改契約について、改正民法の施行日前後における法律の適用関係はどうなりますか。　155

第8章　保証

1　保証に関する改正点 ── 156
　Q1　民法改正では保証についてどのような改正がなされましたか。　156

2　公正証書作成義務 ── 157
　Q2　取引先へ事業用資金を貸し付けるにあたって個人に保証してもらう場合、改正民法のもとでは、保証契約締結に際してどのような手続が必要となりますか。　157
　Q3　個人の取引先へ事業用資金を貸し付けるにあたって、他の個人に保証してもらう場合、公正証書の作成手続が不要な場合はありますか。　158
　Q4　法人の取引先へ事業用資金を貸し付けるにあたって、個人に保証してもらう場合、公正証書の作成手続が不要な場合はありますか。　158

3　根保証における規定の見直し ── 160
　Q5　民法改正を受け、個人を保証人とする根保証契約を締結する場合、極度額の点について、契約書上見直すべき点はありますか。　160

Q6　民法改正を受け、個人を保証人とする根保証契約を締結する場合、保証人についての元本確定事由の点について、契約書上見直すべき点はありますか。　160

4　情報提供義務 ————————————————————— 162
　　Q7　改正民法において、事業のために負担する債務の保証を個人に委託をする場合の主債務者の情報提供義務（改正民465条の10）が定められたことに伴い、債権者は、保証契約の締結に際してどのようなことに留意すべきですか。　162
　　Q8　民法改正を受け、主債務者の委託を受けた保証人から債権者に対して主債務の履行状況などに関する情報提供の請求があった場合に備え、債権者としては契約書の見直しなどの対応をどのようにすべきですか。　163
　　Q9　改正民法において、主債務者が期限の利益を喪失した場合の個人保証人に対する債権者の情報提供義務（改正民458条の3）が定められたことに伴い、債権者として契約書の見直しは必要でしょうか。　164

5　連帯保証における請求の相手方 ———————————————— 166
　　Q10　民法改正を受け、連帯保証人に対する履行請求によって主債務の時効の完成を防ぐためには契約書上どのような規定を設けておくべきでしょうか。166

6　その他 ——————————————————————————— 167
　　Q11　主債務が加重された場合に保証人の負担は加重されないという改正民法448条2項の新設により、契約書の見直しなどの実務上の対応は必要でしょうか。　167
　　Q12　民法改正に伴い、委託を受けた保証人の期限前弁済の求償権の点について、契約上見直しておくべき点はありますか。　167
　　Q13　改正民法は、その施行日前に締結された保証契約に適用されるのでしょうか。　168
　　Q14　改正民法施行日前に締結した事業用資金貸付けに対する個人による保証契約について、施行日以後公正証書の作成（Q2参照）が必要となるのでしょうか。　168

第9章　支払いなどに関する定め

1　第三者弁済 ————————————————————————— 169
　　Q1　民法改正に伴い、第三者弁済についてはどのような変更がありましたか。　169

2　弁済の方法 ————————————————————————— 170
　　Q2　現行契約書では、債務の支払いが銀行振込みとなっていますが、改正民法では、いつ弁済の効果が生じたことになるのでしょうか。　170

3 供託 ──── 171

Q3 債権者が弁済金を受け取らない場合の供託について、民法改正によって変わった点はありますか。 171

Q4 債務の履行として物品を提供したものの、債権者が受け取らない場合、どうすればよいでしょうか。 171

Q5 改正前民法下で締結した契約について、相手方が受領を拒絶している場合に、改正民法に基づく自助売却制度を利用することができますか。 172

4 債務の消滅に関する経過措置 ──── 173

Q6 改正民法施行日前に発生した債務について施行日以後に弁済する場合、改正民法の第三者弁済の規定は適用されますか。 173

Q7 弁済のほかの債務の消滅事由についての経過措置はどうなっていますか。 173

5 相殺 ──── 174

(1) 不法行為などにより生じた債権を受働債権とする相殺の禁止 ──── 174

Q8 安全配慮義務違反による損害賠償債務に対し貸付債権をもって相殺するとの合意をすることは可能ですか。 174

(2) 差押えを受けた債権を受働債権とする相殺の禁止 ──── 175

Q9 自社に対する債権が差し押さえられた後に他人から取得した債権を自働債権、差押債権を受働債権とする相殺合意書を差押債権の債権債務者間で締結することは可能ですか。 175

(3) 相殺の充当 ──── 176

Q10 相殺の充当に関する民法改正に伴い、現行契約書の相殺条項を見直す必要がありますか。 176

(4) 経過措置 ──── 177

Q11 相殺に関して、改正民法の施行日前に生じた債権はどのように扱われるのでしょうか。 177

第10章 販売店・代理店契約

1 総論 ──── 178

Q1 民法改正に伴い、現行の販売店・代理店契約書において改めるべき点はありますか。 178

Q2 相手方があらかじめ用意した販売店・代理店契約書を利用して契約を締結することを求められる場合、この契約は「定型約款」に該当しますか。 179

Q3 現行の販売契約上、商品などの販売元があらかじめ用意した契約書を用いて販売店と顧客との契約を締結することとなっている場合、民法改正に伴い、その販売店と顧客との契約は「定型約款」に該当しますか。 179

2 代理・委託（再委託）に関する定めをどうすべきか —— 181
- **Q4** 民法改正に伴い、現行の代理店契約書において、代理店への代理権授与に関する定めを改める必要はありますか。 181
- **Q5** 民法改正に伴い、現行の代理店契約書において、代理店がさらに復代理人である第三者を選任する旨の定めを改める必要はありますか。 182
- **Q6** 民法改正に伴い、現行の販売店契約書において販売店が販売業務を再委託する定めを改める必要はありますか。 182

3 債務の履行に関する定めをどうすべきか（納品・検収・弁済の方法） —— 184
- **Q7** 民法改正に伴い、現行の販売店契約書の納品・検収に関する定めを改める必要はありますか。 184
- **Q8** 民法改正に伴い、現行の販売店契約書の支払いに関する定めを改める必要はありますか。 185

4 瑕疵担保責任に関する定めをどうすべきか（契約不適合責任） —— 186
- **Q9** 民法改正に伴い、現行の販売店契約書の瑕疵担保責任に関する定めを改める必要はありますか。 186

5 遅延損害金の定めをどうすべきか —— 187
- **Q10** 民法改正に伴い、現行の販売店契約書などにおける遅延損害金に関する定めを改める必要はありますか。 187

6 債権譲渡・契約上の地位の移転に関する定めをどうすべきか —— 188
- **Q11** 民法改正に伴い、現行の販売店契約書などにおける契約上の地位や権利義務の譲渡禁止に関する定めを改める必要はありますか。 188

7 保証金に関する定めをどうすべきか —— 189
- **Q12** 現行契約書で、代理店（販売店）が商品の販売元に対して、保証金を差し入れる定めを置いている場合、民法改正に伴って改めるべき点はありますか。 189

8 その他 —— 190
- **Q13** 改正民法施行日前に販売店契約を締結しましたが、個別の商品の販売が改正民法施行日以後になった場合には、当該個別商品に関する契約には改正前民法と改正民法のどちらが適用されますか。 190

第11章　リース契約

1 総論 —— 191
- **Q1** 民法改正で、リース契約にはどのような影響がありますか。 191

2 修繕・滅失・瑕疵担保責任に関する規定をどうすべきか —— 192
- **Q2** 民法改正を受け、リース契約書におけるリース物件の修繕についての規定の見直しは必要でしょうか。 192

- Q3 民法改正を受け、リース物件の一部が滅失した場合またはその他の事由で使用・収益できなくなった場合に関して、リース契約書の規定を見直す必要がありますか。 192
- Q4 民法改正を受け、リース契約書においてリース物件提供者は瑕疵担保責任を負わないとされている規定を見直す必要はありますか。 193

3 保証人に関する定めをどうすべきか（公正証書・極度額・情報提供義務） 195

- Q5 ファイナンス・リース契約において、個人を保証人とする場合、民法改正に伴い、気をつけるべき点は何ですか。 195
- Q6 民法改正を受け、リース契約について個人に根保証をしてもらう場合に備え、リース契約書を見直す必要はありますか。 195
- Q7 民法改正を受け、リース契約について個人に根保証をしてもらう場合、契約締結前に確認しなければならない点、また契約書に盛り込むべき事項はありますか。 196
- Q8 民法改正を受け、リース期間中にリース会社が保証人に対してなすべきこととして、リース契約書について見直すべき点はありますか。 197
- Q9 民法改正を受け、主債務者が期限の利益を喪失した場合の個人保証人に対する債権者の情報提供義務に関して、リース契約書に盛り込むべき事項はありますか。 197

第12章 使用貸借

1 使用貸借の諾成契約化 199

- Q1 改正民法のもとでは、借用物を引き渡す前でも使用貸借契約を締結することはできますか。 199
- Q2 改正民法において、使用貸借の借主が借用物を受け取るまでの間、貸主に解除権が認められる場合がありますが、借主としてはどのように対応すべきでしょうか。 199

2 その他 200

- Q3 民法改正を受け、使用貸借契約における原状回復義務について見直す必要はありますか。 200
- Q4 民法改正では、使用貸借の借主の用法違反による貸主の損害賠償請求について、どのような改正がなされたのですか。 200
- Q5 民法改正を受け、使用貸借の終了に関する契約書の条項について、特に気をつける点はありますか。 201
- Q6 改正民法施行日前に締結された使用貸借契約に改正民法の適用はありますか。 201

第13章 寄託

1 寄託の諾成契約化 202

- Q1 民法改正により、寄託契約が諾成契約とされたことに伴い、現行の寄託契約書を見直す必要がありますか。 202

2　寄託物の使用および第三者による保管（受寄者の自己執行義務） ── 203
Q2　現在使用している倉庫寄託契約書には再寄託の条件に関する条項が置かれていませんが、民法改正を受け、契約書を見直す必要がありますか。　203

3　受寄者の通知義務 ── 204
Q3　倉庫寄託契約における受寄物について第三者が差押えなどの法的措置をとってきた場合に備え、民法改正を受け、現行の契約書の条項を見直すべきですか。　204

4　損害賠償および費用の償還請求権についての期間の制限 ── 205
Q4　民法改正を受け、寄託業者（受寄者）が寄託物に関して費用を支出した場合について、寄託業者としてはどのようなことに留意すればよいですか。　205

5　混合寄託 ── 206
Q5　民法改正を受け、現行の混合寄託契約書について見直すべき内容はありますか。　206

6　消費寄託 ── 207
Q6　民法改正を受け、現行の消費寄託契約書や約款などで見直すべき事項はありますか。　207

7　経過措置 ── 209
Q7　寄託契約について、改正民法の施行日前後における法律の適用関係はどうなりますか。　209

第14章　贈与

1　総論 ── 210
Q1　改正民法において、贈与の対象物について「自己の財産」から「ある財産」（改正民549条）とされたことに伴い、現行の贈与契約書を見直す必要がありますか。　210

2　贈与者の引渡義務など ── 211
Q2　改正民法において、改正前の贈与者の担保責任の規定が贈与者の引渡義務に改められたことで、現行の贈与契約書を見直す必要がありますか。　211

3　経過措置 ── 212
Q3　贈与契約について、改正民法の施行日前後における法律の適用関係はどうなりますか。　212

第15章　債権者代位権・詐害行為取消権

1 **債権者代位権** ──────────────────────────── 213
　Q1　民法改正を受け、債権者代位権を行使するうえで注意すべきことはありますか。　213
　Q2　債権者代位権を利用した債権回収の方法について注意すべきことはありますか。　214
　Q3　改正民法施行日前に発生した債権を、施行日以後に代位する場合、改正民法と改正前民法のどちらが適用されるのでしょうか。　215

2 **詐害行為取消権** ──────────────────────────── 216
　Q4　民法改正を受け、詐害行為取消権を行使するうえで注意すべきことはありますか。　216
　Q5　民法改正を受け、詐害行為取消権を利用した債権回収の方法について注意すべき点はありますか。　217
　Q6　改正民法施行日前に行われた詐害行為を施行日以後に取り消す場合、改正民法と改正前民法のどちらが適用されるのでしょうか。　219

　巻末資料1：売買取引基本契約書　221
　巻末資料2：建物賃貸借契約書　227
　巻末資料3：金銭消費貸借契約書　233

　事項索引　237

　編者・著者紹介　241

凡　例

1　法令の略語（（　）はかっこ内で用いる場合）

改正法	民法の一部を改正する法律（平成29年法律第44号）
改正法附則	民法の一部を改正する法律（平成29年法律第44号）附則
改正法施行期日政令	民法の一部を改正する法律の施行期日を定める政令（平成29年政令第309号）
民法（民）	改正法による改正のない民法の規定および改正に関係なく規定を示す場合
改正民法（改正民）	改正法による改正後の民法
改正前民法（改正前民）	改正法による改正前の民法
改正商法（改正商）	民法の一部を改正する法律の施行に伴う関係法律の整備等に関する法律（平成29年法律第45号）による改正後の商法
改正破産法（改正破）	民法の一部を改正する法律の施行に伴う関係法律の整備等に関する法律（平成29年法律第45号）による改正後の破産法
改正前破産法（改正前破）	民法の一部を改正する法律の施行に伴う関係法律の整備等に関する法律（平成29年法律第45号）による改正前の破産法
特定商取引法	特定商取引に関する法律
個人情報保護法	個人情報の保護に関する法律

2　文献の略称

一問一答	筒井健夫＝村松秀樹編著『一問一答民法（債権関係）改正』（商事法務、2018年）

3　判例集の略称

民集	最高裁判所民事判例集

判時	判例時報
判タ	判例タイムズ
金法	金融法務事情
金判	金融・商事判例

第1章 改正の全体像

1 2017年改正の概略

(1) 改正の全体像

> **Q1** 2017年の民法改正の全体像を教えてください。

A 1896年の民法成立以来、約120年ぶりの大改正となる2017年の民法改正は、①「社会・経済の変化への対応」の観点、②「国民一般に分かりやすい民法」とする観点（法務大臣から法制審議会への諮問第88号〔2009年10月28日〕）などから行われました。

改正項目は全部で約200ありますが、①の観点からは、

ⅰ　消滅時効に関する時効期間の判断の容易化
ⅱ　法定利率における不公平感の是正
ⅲ　安易な保証による被害防止
ⅳ　取引の安定化・円滑化に向けた定型約款に関する規定の新設

などの点で改正が行われました。

また、②の観点からは、

ⅴ　意思能力（判断能力）を有しないでした法律行為は無効であること
ⅵ　将来債権の譲渡（担保設定）が可能であること
ⅶ　賃貸借終了時の敷金返還や原状回復に関する基本的なルール

などが明文化されました。

そして、①および②の観点に収まりきらない改正も行われ、この面でも契約実務上、無視できない内容となっています。担保責任、契約解除、危険負担、債権譲渡の譲渡制限特約などに関する改正をあげることができます。

(2) 改正のポイント

Q2 2017年の民法改正において、現行契約の見直しという観点から、特にポイントとなる点はどこにありますか。

A 改正法の立案担当者は、改正内容のうち、①消滅時効、②法定利率、③保証、④債権譲渡、および、⑤定型約款に関する改正を重要項目と位置づけており、これらがポイントになるでしょう。さらに、多くの典型契約に共通して問題となる担保責任、契約解除、危険負担に関する改正も重要性が高いと考えるべきです。

現行契約の見直しにあたっては、まず、改正項目が強行規定に該当するものなのか否かを見極める必要があります。強行規定であって、現行の契約の定めと異なっていれば、見直しが必須となります。たとえば、消滅時効や保証に関する改正内容の多くは、これにあたります。

次に、改正項目が任意規定である場合に、改正によって規律が変わるのであれば、現行契約の規定を維持すべきか、見直すべきかについての検討が必要です。規律が変わったにもかかわらず、これまでどおりの規律とするために契約書でその旨明定したり、従前の規定を維持したりするのか、改正民法の規律に沿うことにするための規定を置くか否かなどについての検討が必要ということです。さらに、任意規定であり、かつ、規律として実質的な変更がない場合であっても、当事者間の権利義務関係を明確化するために契約書の文言の見直しをする方が望ましい場面もあるでしょう。

なお、改正によって規律が変わる場合は、経過措置（Q3ほか契約類型ごとに解説しています）にも注意する必要があります。

2 経過措置

(1) 経過措置全般

> **Q3** 改正民法施行日前に締結していた契約はどのように取り扱われるのでしょうか。

A 原則として、改正前民法が適用されますが、例外もあるので、注意が必要です。

　改正民法は、2020年4月1日から施行されます（改正法附則1条、改正法施行期日政令）。ただし、改正民法の施行日前にされた行為、契約については、改正法附則において、なお従前の例による旨の定めが置かれています（改正法附則2条以下）。

　ただし、当初締結された契約に自動更新条項がある場合において、改正民法施行日以後に契約が更新されたときには、期間満了までに契約を終了させないという不作為があることをもって、更新の合意があったと評価することができ、その時点以後では改正前民法が適用されるという期待を保護する必要がないと考えられるため、改正民法の規定が適用されます。

　他方で、定型約款に関しては、一定の留保をつけつつ、2020年3月31日以前に締結された契約にも、改正民法を適用するのを基本としています（改正法附則33条）。

　改正前民法と改正民法の適用関係の詳細については、契約類型ごとに解説していますので、各設問をご参照ください。

(2) 基本契約と個別契約

> **Q4** 改正民法施行日前に締結した基本契約に基づき、改正民法施行日以後に個別契約を締結した場合には、どのように取り扱われるのでしょうか。

A 通常は、基本契約で取り交わした内容をふまえ、そこでの約定を（明示的であれ、黙示的であれ）取り込んで個別契約を取り交わすわけですから、個別契約の締結時を基準に考えることになるでしょう。したがって、改正民法が適用されることになると考えられます。

他方で、個別契約と呼んでいるものが、単に基本契約の履行行為にすぎない場合もあろうかと思います。この場合には、改正前民法が適用されることになるでしょう。

第2章　各章に共通する重要な改正点

1　定型約款

(1)　定型約款の合意

Q1　民法改正で新設された「定型約款」に関する規定は、どのような内容でしょうか。

●従前の約款の記載例

- 本利用規約にご同意いただくことによって、本サービスをご利用いただくことができます。
- お客様が本アプリを利用するにあたっては、本規約への承諾と遵守をお約束いただきます。また、本アプリを利用する場合、本規約に同意したものとみなされます。

A　改正民法は、①鉄道やバスなどの旅客運送、保険、預金などの大量な定型的取引について、②当事者の一方があらかじめ定めた条項（従前「約款」「規約」などの名称で定められているのが通常です）に基づき、このような取引を行うことの合意があれば、たとえ1つひとつ個別の条項について合意をしなくとも一方当事者の定めた条項が契約の内容となる場合があること、③その条項の表示などの義務、④変更する場合の方法、⑤そのような合意としては認められない場合などについて、新たな規定を定めています（改正民548条の2以下）。

> **Q2** 改正民法が定める「定型約款」とは、具体的にはどのようなものでしょうか。

A 改正民法は、「定型約款」とは、「定型取引」において、契約の内容とすることを目的としてその特定の者により準備された条項の総体をいうと定めています（改正民548条の2第1項本文）。

この「定型取引」は、①ある特定の者が、②不特定多数の者を相手方として行う取引であって、③その内容の全部または一部が画一的であることがその双方にとって合理的な取引です。具体的には、生命保険約款、預金規定、市販ソフトウェアの利用規約などがこれにあたると解されています。

なお、契約をしようとする相手方の個性によって契約の内容の一部に多少の変更があるものの、その他の部分が取引の重要部分のほとんどについて画一的な適用の要請があり、それが合理的であるものは「定型約款」にあたると考えられます。

> **Q3** 「定型約款」に関する規定は、事業者間（BtoB）の取引、たとえば会社で用意している「契約書ひな型」などにも適用されますか。

A 定型約款に関する規定は、改正民法の定型約款の定義（Q2参照）に基づくと、事業者間の取引にも適用されます。

ただし、あくまでたたき台として用意され交渉によって内容が変わりうるような、いわゆる「契約書ひな型」は、特定の相手との交渉を要し、その結果によって内容が変更する可能性があるものですので、「定型約款」の定義にはあたらないと考えられます。

事業者間の取引においても、定型約款としての取扱いとしたい場合には、「定型約款」にあたるかどうか後日争いにならないようにするために、法定の要件を満たす合意をしたうえで、題名や頭書などの箇所でその旨を明らかにしておくことも考えられます。

Q4 従来「約款」とされていたものが「定型約款」に該当しない場合にはどのようになるのでしょうか。

A 通常の契約の場合と同じように扱われます。したがって、たとえば、みなし合意の条項（改正民548条の2第1項）の適用を受けないため、契約条項に基づく請求をする場合に個別の条項への同意の主張立証が必要となり、また、変更の条項（改正民548条の4）の適用を受けないため、契約内容の変更には個別の同意（変更契約）を要することとなります。

なお、「定型約款に該当しない約款であっても、定型約款が想定する特質と類似する性質を有したものについて、一般的な契約に関する理論とは別の理論の適用を解釈論として模索することは、今回の改正によっても否定されていない」とされています（一問一答248頁（注））。

Q5 「定型約款」では、どのような内容であっても契約の内容として合意したものとみなされるのですか。

A 一定の場合には、みなし合意が認められません。

形式的には定型約款に関する合意がなされたとみなされる場合（改正民548条の2第1項）であっても、その条項が「相手方の権利を制限し、又は相手方の義務を加重する条項であって、その定型取引の態様及びその実情並びに取引上の社会通念に照らして第1条第2項に規定する基本原則に反して相手方の利益を一方的に害すると認められるもの」については、合意をしなかったものとみなされ、契約の内容とはなりません（改正民548条の2第2項）。もっとも、「定型取引の態様及びその実情並びに取引上の社会通念に照らして」という文言が使われているので、取引全体にかかわる事情を広く考慮し、取引全体を見れば権利の制限や義務の加重が別の利益を生み出すうえで不可欠な場合や、権利の制限や義務の加重に対し填補のための定めがある場合は、みなし合意が認められると解されます。

Q6 「定型約款」としてのみなし合意が否定される場合の、「第1条第2項に規定する基本原則に反して相手方の利益を一方的に害すると認められるもの」(改正民548条の2第2項)に該当する条項とはどのようなものでしょうか。

A 通常は、もっぱら定型約款準備者(改正民548条の2第1項2号)の利益を図る目的の条項を指すと解されます。

すなわち、改正民法548条の2第2項では、相手方の、定型約款の具体的内容に対する認識の薄弱さという観点から、不当な内容の条項は合意の内容とならないと定めています(相手方の予測可能性がない、不意打ち的な内容であることも、この不当性の判断の一要素となると考えられています)。したがって、たとえば、定型約款準備者が、自己の利益のみを図る目的のために、相手方が本来主張できるはずの権利を放棄させたり、行使しない旨の合意を擬制したりするような定めは、相手方にも相当の利便性が認められる特段の事情がない限りこれにあたると考えられます。

他方で、双方にとって利益のある場合、たとえば、相手方の負担を実際上軽減する目的で、相手方が一定の権限をあらかじめ定型約款準備者に付与する旨の規定について、サービス性を高めるためにその必要性が認められ、かつ、相手方の不利益も小さい場合には、改正民法548条の2第2項に該当しないと解されることが多いと考えられます。

Q7 「定型約款」の条項は、「第1条第2項に規定する基本原則に反して相手方の利益を一方的に害すると認められる」場合にはどうなりますか。

A 条項として定められていても、その内容は当事者間の合意の内容にはなりません。

改正民法では、設問の場合、当該条項については合意をしなかったものとみなす旨定められました(改正民548条の2第2項)。したがって、この条項については、民法や一般法理などに従うことになります。一方、当該約款のそれ以外の条項は定型約款としての効力を有することとなります。

(2) 定型約款の変更

Q8 「定型約款」は、成立後にその内容を変更できますか。また、相手方に不利益な内容に変更できますか。

●想定条項

> 本規約の内容は、お客様への通知なしに変更できるものとします。

A 定型約款の変更は、改正民法548条の4が規定する実体面と手続面の両方の要件をともに満たす場合に認められます。その場合には、不利益な内容に変更することもできると解されます。

実体面の要件としては、①変更が相手方の一般の利益に適合するとき、または、②変更が契約をした目的に反せず、かつ、変更の必要性、変更後の内容の相当性、変更をすることがある旨の定めの有無およびその内容その他の変更にかかる事情（たとえば、相手方の不利益の程度、その補塡の有無・程度、解除権の有無などが考えられます）に照らして合理的なものであるときのいずれかに該当することが必要です（改正民548条の4第1項）。

手続面の要件としては、効力発生時期を定めて、あらかじめインターネットの利用などにより周知することが必要です（改正民548の4第2項・3項）。

Q9 「変更することがある」というような条項がなければ、「定型約款」を変更することができないのでしょうか。

A 「変更することがある」という条項がなくともQ8の要件を満たせば定型約款を変更することができます。ただし、そのような条項があることは、定型約款の変更の合理性を判断するうえでの1つの要素と解されるため、変更が想定される場合は条項を置くことが好ましいでしょう。

さらに、個別の条項ごとにどの程度の変更がありうるかという点まであらかじめ定めておくことが、定型約款の変更の合理性をより基礎づけると

も考えられます。もっとも、定型約款の変更はその時の社会情勢に応じてなされるものであって、定型約款準備者においても予測がつかない性質の事項であることや、改正民法が一定の要件のもとで相手方の同意を要することなく変更ができる旨を認めた趣旨からすると、変更の対象となる条項やその内容の範囲などを特定することは困難であり、その必要はないと考えられます。

Q10 「定型約款」の変更によって相手方に与えていた利益の額（たとえばポイント数やポイント率）などを減らすことは、可能でしょうか。

A このような変更は、原則として不利益変更にあたり、改正民法548条の4第1項2号に従ってその可否が判断されます。

改正民法548条の4第1項2号の要件を満たすかどうかの判断に際しては、変更前にサービスの一内容として付与されていた利益であるか否か、その大小・期間の長短、変更により相手方に生じる不利益の程度などの要素が考慮されると考えられます。

なお、定型約款の相手方に対していわば恩恵的に与えていた利益を減らす場合（ロックインが生じていない取引において、付与していたポイント数や率を減少させたり、本来有料で提供されるべきサービスを無料で提供していたところ、それを有料に戻す場合など）には、相手方の不利益になるという側面よりも、定型約款準備者の不利益が減少するという側面が強く、変更が認められる方向で考慮されると考えられます。

Q11 約款の不利益変更に関し、これまでに裁判例ではどのような点が重視されているのでしょうか。これらのうち、改正民法のもとでも、引き続き重要と考えられるのはどのような解釈ですか。

A 裁判例では、事前周知の状況、条項の追加により既存の顧客が受ける不利益の程度、遡及適用する必要性、内容の相当性などを総合考慮して判断すべきことを判示したものがあります（福岡高判平成28・10・

4金法2052号90頁)。これらの要素については、改正民法の条項の要件(Q8)を具体化するものとして、改正民法施行後も実務上一定の規範性を有すると考えられます(このほか大阪地判平成6・7・25判タ853号298頁、東京地判平成28・5・18金法2050号77頁、福岡地判平成28・3・4金法2038号94頁など)。

> **Q12** 「定型約款」の変更を行う際の周知について、どのような点に気をつけて実施すべきでしょうか。

●想定条項

> 当社は、1日以上の予告期間をおいて当社のホームページにおいて変更後の本規約の内容を周知することにより、いつでも本規約の内容を変更することができるものとし、当該予告期間経過後は、変更後の本規約の内容が適用されるものとします。

A 定型約款の相手方が変更の内容について認識できる方法であり、契約を継続するかどうかについて判断するのに必要な期間を置いて周知することが必要です。

　定型約款の変更をするためには、効力発生時期までに適切な方法による周知が必要ですが、その際に注意すべき点としては、周知方法や周知期間について、当該取引を行う相手方であれば、定型約款準備者による変更の有無および内容について認識でき、その後も契約を継続するかどうかについて判断するために必要な時間が確保されているかどうかという点から、周知方法や変更までの期間の長短を慎重に判断する必要があると考えられます。

　具体的な周知方法としては、ホームページでの周知のほか、ダイレクトメールの送付や電子メールの送付などが考えられます。

(3) 経過措置

Q13 定型約款に関する改正民法の規定の適用に関する経過措置はどのようになっているのでしょうか。改正民法施行に備えてどのような対応をすべきでしょうか。

A 改正法附則33条は、経過措置として、①施行日（2020年4月1日）前に締結された定型取引にかかる契約にも改正民法が適用されるものの、②施行日前に反対の意思表示が書面などでなされた場合にはこの限りではないとしていますので、これに従った対応が必要です。

　この「反対の意思表示」に関する部分は、他の改正部分とは異なり、2018年4月1日から施行されていますので、注意が必要です。

　この反対の意思表示を受けた場合には、定型約款準備者は、改正民法施行日以後に締結した契約と分けて管理することが求められます。もっとも、改正民法が適用されない約款についても、その変更の有効性などについては実質的に改正民法と同様の判断がなされると考えられるため、反対の意思表示を受けたものとして分別管理を行うべきなのは、実務上は、改正民法施行日以後に新たな契約者が生じない契約についてのみであると考えられます。

2 時効

Q14 時効制度はどのように変わったのでしょうか。

A ①用語を変更（「中断・停止」から「更新・完成猶予」）したうえで、②完成猶予・更新にあたる事由が変更され、③時効期間の統一がなされた点が主な改正点です。

「更新」とは、更新事由の発生によって進行していた時効期間の経過が無意味なものとなり、新たに零から進行を始めるという効果を意味します。また、「完成猶予」とは、猶予事由が発生しても時効期間の進行自体は止まらないが、本来の時効期間の満了時期を過ぎても、所定の時期を経過するまでは時効が完成しないという効果を意味します。

Q15 時効制度の変更により、契約の管理上注意すべきことはありますか。

A 事業者の場合、債権管理のための事務処理へ影響があると考えられます。特に、以下の点に留意が必要です。
① 時効更新・完成猶予の事由に関連して、これまで時効期間の「中断」「停止」としていた事由がそれぞれ再整理されている点
② 時効期間について主観的起算点から5年、客観的起算点から10年という両立てに変更され、いずれかの時効期間が経過した場合には時効が完成したとされる点

そのため、これらの事由にあわせた社内規程・事務フローの見直しや、会計上の処理への影響の考慮が必要と考えられます。

Q16 時効期間が変わったことによる契約実務への影響はどのようなものがありますか。

●関連条項

> 当事者は、以下の各号に規定する事由に該当した場合には、相手方に対する一切の債務について当然に期限の利益を失い、直ちに債務を弁済しなければならないものとする。
> ① ……
> ② ……

A 対消費者の契約書・領収書の保存期間について、時効期間を基準として管理していた場合には、保存期間を時効期間にあわせて変更する必要があります（なお、税法を基準にしている場合には影響はないと考えられます）。また、契約上、期限の利益につき当然喪失条項を定めている場合には、当該期限の利益の喪失時点が客観的起算点になります。そのため、期限の利益喪失後消滅時効が進行していることに気づかずに10年の経過により債権が消滅する可能性がありますので、債権管理に注意する必要があります。

Q17 改正民法では、151条において、新たな時効完成猶予事由として「協議を行う旨の合意」に関する規定が追加されましたが、この合意をする場合、どのような点に気をつける必要がありますか。

A 協議を行う時期に留意し、協議内容や範囲について書面を取り交わすことが必要だと考えられます。

改正民法151条によれば、「協議を行う旨の合意」においては、合意の時から1年間または合意で定めた期間（ただし1年未満に限ります）時効の完成猶予が認められています。そのため、あまりに早く「協議を行う旨の合意」をすると、その後に必要となる時効の更新の手続のための時間が限定されるなどかえって煩雑になってしまうと考えられます。また、「協議」が、どの程度のやりとりまで含まれるか不明であるため、双方で契約の解釈などに齟齬が生じた場合で、かつ時効完成間近である場合には、ま

ずは期間の定めのない協議の合意を取り交わすのがよいと考えられます。

> **Q18** 従前の契約書に規定されていた「協議条項」は、改正民法で新設された時効の完成猶予としての「権利についての協議を行う旨の合意」にあたりますか。

●従前の条項例

> 本契約に定めのない事項、本契約の解釈その他本契約に関して疑義が生じた場合は、甲乙は、本契約の趣旨に従い、誠意をもって協議し、解決するものとする。

A 基本的にはあたらないと考えられます。

当事者間の交渉中に裁判上の請求などの時効中断措置をとらなくもよくするという改正民法151条の制定趣旨、「権利についての」という文言と従前の協議条項の文言との相違などから、これまで契約書に規定されてきたいわゆる一般条項における「協議条項」は、同条の「協議を行う旨の合意」にはあたらないことがほとんどであると考えられます。ただし、紛争などが生じた後の交渉過程で中間合意書を作成し、誠実協議条項を入れる際には、同条の「協議を行う旨の合意」と混同しないようにするため、相互に認識を確認のうえ、文言も工夫する必要があると考えられます。

> **Q19** 時効に関する経過措置はどのようになっているのでしょうか。契約実務上の影響はないのでしょうか。

A 改正民法施行日前に生じた債権の消滅時効の援用や、中断・停止事由、消滅時効の期間には改正前民法が適用され従前どおりの取扱いになります。なお、債権の発生時期については、「新法〔＝改正民法〕施行日以後に債権が生じた場合であって、その原因である法律行為が新法〔＝改正民法〕施行日前にされたときを含む。」との定めがありますので（改正法附則10条1項）、一の契約において、条件や期限などが付され債権の発

生自体は施行日以後であっても、原因行為が施行日前であれば改正前民法が適用されます。他方、継続的取引契約において基本契約が施行日前に締結され、個別契約が施行日以後に締結された場合には、個別契約に基づき発生した債権には改正民法が適用されると解されます。

3 錯誤などの意思表示のルール

(1) 錯誤

Q20 改正民法では、錯誤による意思表示のルールはどのように変わったのでしょうか。

A 以下の各点が変更されていますので、契約当事者から錯誤の主張を受けた場合に留意すべきです。

① 改正前民法において錯誤は無効事由でしたが、改正民法では取消事由とされました（改正民95条1項本文）。取消権は民法119条以下の規律を受けますので、たとえば、その行使に期間制限があることになります（民126条参照）。

② 錯誤が取消事由とされたことに伴い、善意かつ無過失の第三者を保護する旨の明文規定が置かれました（改正民95条4項）。なお、民法改正に伴い、消費者契約法、特定商取引法および割賦販売法における消費者の取消権についても、改正民法と平仄をあわせ、従前「善意の第三者」を保護していたのを「善意でかつ過失がない第三者」を保護することに改められました。

③ 改正前民法では、錯誤については、「要素に錯誤」があることが要求されていましたが、改正民法においては、「その錯誤が法律行為の目的及び取引上の社会通念に照らして重要なものであるとき」との要件に条文の文言が改められました（改正民95条1項）。ただし、内容についてはほぼ同等であると考えられています。

④ 動機の錯誤が明文で規定され、「その事情が法律行為の基礎とされていることが表示されていた」場合には、意思表示を取り消せるとされました（改正民95条2項）。

(2) その他の意思表示のルール

Q21 改正民法では、意思表示に関するルールについて、錯誤以外に変わったところはありますか。

A 以下の変更点があります。

① 心裡留保については、改正事項がありますが（改正民93条）、規定ぶりの明確化と判例法理の明文化ですので、契約実務への影響はないものと考えられます。
② 詐欺に基づく意思表示については、第三者保護のためには、「善意でかつ過失がない」ことを要する旨定められました（改正民96条3項）。これまでの学説上の通説を採用した改正といえます。
③ 改正に伴い、消費者契約法、特定商取引法および割賦販売法の取消しにおける第三者保護要件が改められました（Q20）。消費者取引における影響に留意する必要があります。

Q22 改正民法の施行により、施行日前の瑕疵ある意思表示、意思の欠缺に影響は生じるのでしょうか。

A 影響はありません。施行日前にされた意思表示については、経過措置により、改正前民法が適用されます（改正法附則6条1項）。

第3章　売買

1　売買全般

> **Q1**　民法改正に伴い、売買契約書で特に見直すべき条項はどれでしょうか。

A　瑕疵担保責任、危険負担、債務不履行解除および損害賠償に関する条項があげられます。

　瑕疵担保責任、危険負担、債務不履行解除および損害賠償に関する条文が大きく改正されましたので、従来の契約条項を改める必要がないか、買主および売主それぞれの立場から検討が必要になります。

　また、これら以外の条項についても改正の影響を受けるものがあります。詳しくは、2以降で順次説明します。

> **Q2**　売主は、同じ商品を買う者に対して同じひな型の契約書を交付しています。このような契約書を使う場合に気をつけることはありますか。

A　その契約書が定型約款（改正民548条の2第1項柱書）に該当しないかについて注意する必要があります。

　改正前民法には、約款について根拠となる規定がありませんでしたが、改正民法では、定型約款についての定めが置かれることになりました（改正民548条の2以下）。

　定型約款の詳細は**第2章Q1**以下をご参照ください。

　売買契約では、ひな型をたたき台として相手方に交付し契約内容を決めることがあり、このひな型が定型約款に該当しないかが問題となりえます。

ひな型が定型約款に該当するためには、「内容の全部又は一部が画一的であることがその双方にとって合理的なもの」である必要があります（改正民548条の2第1項柱書）。そのため、仮にひな型どおりに契約が締結されることが多かったとしても、その理由が当事者間の交渉力の格差である場合には、相手方にとってひな型の内容が画一的であることが合理的とはいえませんので、定型約款にはあたらないとされています（第2章Q2）。

　他方、インターネットを通じた物品売買における購入約款のような、売買契約の一部または全部について、取引の内容が相手方（買主）にとっても画一的であることが合理的であるものは、定型約款にあたると考えることができます。

　定型約款に該当する場合には、一定の場合に相手方の同意を得ることなく内容を変更することができるため（改正民548条の4第1項）、その契約が定型約款にあたるか否かについては、特に買主において注意が必要であるといえます（第2章1(2)）。

　なお、売主としては、改正民法548条の2第1項の要件を満たす場合でも、当該契約条項の内容しだいでは、同条2項の不当条項規制により、合意をしなかったとされる場合があることにも注意が必要です（第2章Q5参照）。

2　継続的売買契約・動産売買契約

(1)　申込みと承諾（成立）

> **Q3**　民法改正に伴い、当社の用いている注文書の内容を改める必要はありますか。

A　改正民法対応のために、注文書自体を改める必要はありません。
改正民法は、契約の申込みについて、契約の内容を示してその締結を申し入れる意思表示と定義していますが（改正民522条1項）、従前の解釈を変更するものではありません。そのため、従前の注文書が、売買契約の履行に十分な程度に、売買対象となる商品や代金などを特定する内容であれば問題はなく、民法改正によって、新たな対応をとる必要はないものと思われます。

> **Q4**　現行契約書では、売主が注文請書を発送した時点で売買契約が成立すると規定していますが、この条項を修正する必要はありますか。

A　修正の必要はありません。
改正民法では、隔地者間の契約の成立時期について、意思表示の発信主義を認めた改正前民法526条1項が削除され、到達主義に統一されました（改正民522条1項、97条1項）。しかし、この規定は任意規定であり、設問のような発信主義の合意も有効と解されています。したがって、注文請書の規定を維持して、従来の実務を継続することは可能です。

(2) 瑕疵担保責任の定めをどうすべきか（契約不適合責任）

Q5 現行契約書における瑕疵担保責任の定めは、改正民法下でどのように改正されたのでしょうか。

●従前の条項例

> 商品に隠れた瑕疵が発見された場合、乙（買主）は、事実を知った時から1年以内に、甲（売主）に対し契約の解除または損害賠償の請求をしなければならない。

A 改正前民法では、売買の目的物に「隠れた瑕疵」があったとき、買主が瑕疵の存在につき善意無過失であれば、買主は売主に対し瑕疵担保責任を追及しうるとされており（改正前民570条、566条）、従前の条項例はこれに沿ったものです。

この点について、改正民法では、「隠れた瑕疵」は、売買の目的物について「種類、品質又は数量に関して契約の内容に適合しない」（契約不適合）場合とされ、買主は、売主に対し履行の追完を請求できるとされました。

また、買主の善意無過失は原則として要求されないことになりました（改正民562条1項）（一問一答280頁）。

さらに、損害賠償の内容、解除の要件も異なります（具体的にはQ12以降を参照してください）。

Q6 これまで「瑕疵」という文言を用いていた契約条項を改正民法に沿うようにするには、どのような表現が適切でしょうか。

A 「瑕疵」に代えて「種類、品質又は数量に関して契約の内容に適合しない場合」といった文言とし、さらに、この「契約の内容」を具体化することが考えられます。

改正民法では、改正前民法の「瑕疵」概念はなくなり、売買の目的物について「種類、品質又は数量に関して契約の内容に適合しない」（契約不

適合）場合に、買主は、売主に対し履行の追完を請求できることになりました（改正民562条1項）。

そのため、「瑕疵」の文言も、改正民法の条文にあわせて修正し、「種類、品質又は数量に関して契約の内容に適合しない場合」との文言を用いることでもよいでしょう。

> **Q7** 現行契約書では、目的物が契約の内容に適合しない場合の売主の修繕義務などについて特に定めがないのですが、契約書をこのまま使用した場合、改正民法ではどのように処理されますか。

A 現行契約書中に、特に修繕義務などの適用を排除する趣旨の規定がなければ、特段の定めがなくても、買主は、目的物の修補、代替物の引渡しまたは不足分の引渡しによる履行の追完を請求することができます。ただし、改正民法施行日前に締結された売買契約についてはあてはまらず、従前の例によることとなります。

改正民法では、目的物が契約の内容に適合しない場合、買主は目的物の修補、代替物の引渡しまたは不足分の引渡しによる履行の追完を請求することができます（改正民562条1項）。したがって、この点を特に排除していない現行契約書を改正民法施行日以後に使用して契約を締結すれば、売主は買主からこのような請求を受けることになります。

これに対し、改正民法では、売主は、買主に不当な負担を課するものではない限り、買主の請求した方法と異なる履行の追完方法を定めることができます（改正民562条1項ただし書）（一問一答276頁～277頁）。そこで、売主としては、現行契約書を改定し、たとえば、契約書に、

> 売主は買主が選択した方法と異なる方法による履行の追完をすることができる。

などの条項を、確認的に定めて対応することが考えられます。

> **Q8** 目的物が契約の内容に適合しない場合、修繕ではなく新品に交換（代替物の交付）してもらいたいのですが、契約書上、どのような規定にすればよいでしょうか。

A 契約の内容に適合しない目的物を受領した場合に、修繕ではなく、代替物の交付をもって追完する旨の条項を明文で置く必要があります。

改正民法では、売買の目的物が契約の内容に適合しない場合には、買主には、追完請求（修補・代物請求、不足分引渡請求）と代金減額請求が認められますが（改正民562条、563条）、このうち、買主側が修補か代物請求かを特定して請求した場合であっても、買主に不相当な負担を課さないのであれば、売主は、買主の請求と異なる方法で追完をすることができます（改正民562条1項ただし書）。

ただし、この規定は任意規定と解されていますので、当事者間で異なる合意をした場合には、そちらが優先されます。そこで、買主が契約不適合の場合に、修繕ではなく、代替物の交付を受けたい場合には、売主による修繕による追完を排除し、代替物の交付のみをもって追完する旨の条項を置く必要があります。

> **Q9** 現行契約書は、瑕疵担保責任を追及する場合、事実を知った時から1年以内に請求をしなければならないと定めているのですが、買主として、どのように改定すべきでしょうか。

●従前の条項例

> 商品に隠れた瑕疵が発見された場合、乙（買主）は、事実を知った時から1年以内に、甲（売主）に対し契約の解除または損害賠償の請求をしなければならない。

A 争いを防ぐためには、改正民法に基づき、事実を知った時から1年以内に売主に対し通知すればよいと改定すべきです。

従前の条項例は改正前民法の条文に従ったものですが、判例上、この

「請求」は、期間内に担保責任を問う意思を裁判外で明確に告げれば足り、裁判上の権利行使をすることまでは要しないとされていました。

これを受けて、改正民法では、権利行使までする必要はなく、1年以内に契約不適合の事実を通知するのみで足りるとされました（改正民566条）。

そこで、この点を明らかにするために、契約書上、「不適合を理由とした追完請求、代金減額請求、損害賠償請求、契約解除を行うためには、買主はその不適合を知った時から1年以内に契約不適合の事実を売主に通知しなければならない」旨を定めておくことがよいでしょう。

Q10 瑕疵担保責任に関し、現行契約書では売主の帰責事由の有無には触れていませんが、改正民法下では、この点を変更した方がよいでしょうか。

A 立場や条項の内容によって変更の要否・内容が異なります。

改正前民法の瑕疵担保責任に該当する部分は、改正民法では債務不履行責任の一部として位置づけられました。そのため、損害賠償請求については、改正民法においても売主に帰責事由がなければ認められないことになりますから（改正民415条1項ただし書）、売主としては、改正民法に従って帰責事由を要する旨の文言の変更を求めるべきです。

一方で、解除についても債務不履行の一般的な規律がそのまま適用されますが、改正民法では、解除するために帰責事由は必要ではなくなり（一問一答234頁）、改正前民法の瑕疵担保責任の解除の要件と異なり、瑕疵が軽微でなければ解除できますから（改正民541条ただし書）、解除の範囲は広がります。また、追完義務なども定められています（Q8参照）。そのため、この点は、買主としては、改正民法にあわせて変更すべき部分だと考えられます。

もっとも、これらは任意規定ですから、上記の内容を勘案して、改正前民法下での契約条項のままにするかどうかを含め、個別に検討することになります。

> **Q11** 現行の不特定物の売買契約書に関し、数量が不足する場合に備え、注意すべき点はありますか。

A 買主としては、売主に対し、現行契約書のままで、解除や損害賠償請求だけでなく、不足分引渡請求や代金減額請求もなしうるかを検討する必要があります。

改正前民法では、目的物が不特定物である場合に、数量が不足したときには、一般的な債務不履行（不完全履行）として処理されていました。

改正民法では、特定物・不特定物を問わず、数量不足の場合も契約不適合と整理され、債務不履行に基づく解除および損害賠償請求のみならず、債務者の帰責事由を要件としない追完請求としての不足分引渡請求と代金減額請求ができることとなりました（改正民562条1項）。そのため、現行契約書の文言をこの内容にあわせて改定する必要があるかどうかを検討すべきです。

(3) 債務不履行責任の定めをどうすべきか（損害賠償）

> **Q 12** 現行契約書では、売買代金の遅延損害金の利率を年14.6%と定めています。改正民法下では、この条項を見直す必要はありますか。

A 見直す必要はありません。

改正により法定利率の規定が変更されましたが（改正民404条。同条2項により、改正民法施行時の法定利率は年3%）、遅延損害金の利率については、当事者の合意による約定利率が法定利率を超えるときは、約定利率が優先するので（改正民419条1項ただし書）、設例の場合は、改正によっては影響を受けず、条項の見直しは不要と考えられます。

> **Q 13** 現行契約書に売買代金の遅延損害金の規定がない場合、遅延損害金の利率はどうなるのでしょうか。

A 遅延損害金発生時の法定利率となります。

改正民法では、遅延損害金の定めがない場合には、債務者が遅滞の責任を負った最初の時点の法定利率とされています（改正民419条1項）。この法定利率は3年ごとに見直されます（改正民404条3項）。

なお、約定利率を定めれば、それが優先するので（改正民419条1項ただし書）、法定利率と異なる利率を定めたいときは、契約書において遅延損害金の利率を定める必要があります。

> **Q14** 現行契約書では、売主が損害発生を予見しあるいは予見可能であった場合に損害賠償義務を負うとなっていますが、改正民法416条2項にあわせて「予見すべきであったとき」と修正すべきでしょうか。

● 従前の条項例

> 本契約に基づく損害は、甲（売主）がその損害の発生を予見し、または予見することができたときに限り、乙（買主）は甲に対しその賠償を請求することができる。

A 修正すべきです。

改正民法と異なる文言を用いて契約を締結した場合には、改正民法の適用を避け、あえてそのような条項を定めたと解釈される可能性があります。

改正民法416条2項は特別の事情によって損害が生じた場合があっても、当事者がその事情を「予見すべき」であったときは、債権者はその賠償を請求しうるとされ、売主側の事情を規範的に評価すべきとしています。それにもかかわらず、あえて従前の条項例を使う場合には改正前民法416条2項の「予見し、又は予見することができたとき」という事実認定ができる場合に限り売主の責任を認めるとの合意をしたと解釈される可能性があります。

これらの文言の違いによって請求の可否の結果が異なってくる可能性はないともいわれていますが、個々の事案において、将来的に無用な紛争が生じるおそれもありますので、改正民法にあわせた表現に変えた方がよいと考えられます。

Q15
現行契約書には、損害賠償額の予定の条項があるのですが、改正民法下で何か変更すべき点はありますか。

●従前の条項例

> 乙（買主）は、甲（売主）が本契約に違反することにより損害を被った時は、甲に対し、第○条に定める売買代金を上限として損害賠償を請求できる。

A 変更すべき点はありません。

改正前民法420条1項では、損害賠償の額を予定することができるとしつつ、「この場合において、裁判所は、その額を増減することができない。」と定められていましたが、改正民法ではこの部分が削除されました。改正前民法においても、上記の規定にかかわらず、予定額の合意が公序良俗に反するなどの場合には賠償額が減額されることもありましたので、改正民法はこのような取扱いが可能であることを明確にするものであって、実質的な変更はないと解されています。

したがって、改正民法のもとでも、損害賠償額の予定について裁判所による増減がありうるという点では変更がありませんので、現行契約書をあえて改める必要はありません。

(4) 債務不履行責任の定めをどうすべきか（解除・危険負担）

Q 16 改正民法下では、不可抗力の場合の契約の解除に関する条項は、改める必要があるでしょうか。

●従前の条項例

> 地震、台風、津波その他の天変地異、……その他不可抗力による本契約の全部または一部（金銭債務を除く）の履行遅滞または履行不能が生じ、本契約の目的を達成することが困難であると認めるに足りる合理的な理由がある場合には、甲乙協議の上、本契約の全部または一部を解除できる。

A 買主・売主の立場の違いによって変更すべき場合があります。

改正民法では、一方当事者について債務不履行があった場合には、その当事者に帰責事由がなくても、相手方当事者は解除できるようになりました（改正民541条、542条参照）。

そのため、従前の条項例のように当事者に帰責事由がない不可抗力の場合の解除事由を定めると、改正前民法においては買主の解除権の範囲を広げる効果（売主の帰責事由がなくとも解除しうるため）を有したのと対照的に、改正民法のもとでは、買主の解除権を制限する規定となります。

したがって、買主の立場では、少なくとも改正民法にあわせた内容に修正するのが適当でしょう。具体的には、従前の条項例全部を削除する、あるいは不可抗力の場合、免責対象を損害賠償請求に限定する旨を明文化する（例：「……生じた場合には、いずれの当事者もそれによって生じた損害を賠償する義務を負わない。」）といった対応が考えられます。

逆に、売主の立場では、従前の条項例の内容のままの方が、不可抗力の場合に買主の解除権を制限できるので、適当といえます。

Q 17 現行契約書には、債権者に帰責事由がある場合の解除について特段の定めがないのですが、民法改正を機に契約書の条項に明記した方がよいでしょうか。

A 契約書に明記すべきです。

改正民法では、債務者の債務不履行について債権者に帰責事由がある場合、債権者は契約を解除できないことが明文の規定で定められました（改正民543条）。これまでも解釈上、「もっぱら」債権者に帰責事由がある場合には解除権が認められていなかったのですが、それが明文の規定で定められましたので、それにあわせるかたちで契約書も修正すべきです。

具体的には、当該債務不履行が債権者の責めに帰すべき事由によるものである場合には、債権者からの解除はできない旨の条項を注意的に加えるべきであると考えます。

Q 18 現行契約書には債務不履行が軽微である場合の解除の可否について、何も定めていないのですが、今後の契約書にはこの条項を置いた方がよいでしょうか。

A 置くべきだと考えられます。

改正民法では、債務不履行が契約および取引上の社会通念に照らして軽微であるときは解除することができない旨が明文の規定で定められています（改正民541条ただし書）。そして、可能な限り争いを避けるため、契約書上もこの点を規定しつつ、たとえば、軽微な事由を列挙することも考えられます。

Q 19 現行契約書では、催告解除ができる事由が列挙されているのですが、これらの事由に該当する場合であっても「軽微」な不履行と判断される場合には解除ができないのでしょうか。

A 解除できない場合もあると解されます。

設問の場合、契約当事者は軽微な不履行ではないと判断したからこそ、契約書に解除できる事由として列挙したともいえます。しかし、改正民法では、当該事由に該当する場合でも、それが「社会通念に照らし」て「軽微」と判断される場合には、解除が認められない場合がありえます（改正民541条1項ただし書）。

Q 20 現行契約書には、商品の引渡し後であっても、検収前に商品が滅失した場合には、買主の帰責性が認められるときを除き、売買代金を支払わなくてもよいとの規定があります。改正民法下では、このような規定は無効になるのでしょうか。

●従前の条項例

> 乙（買主）の検収前に生じた商品の滅失、損傷その他の損害は、乙の責めに帰すべきものを除き甲（売主）が負担する。

A 契約規定は無効にはなりません。

改正前民法では、法文の文言が、特定物である目的物について引渡し前に滅失しても買主が代金支払義務を負う旨を定めていました（改正前民534条1項）。

これに対し、改正民法では、「目的物の引渡し」の有無を危険の移転時期とすることが明記され（改正民567条1項）、買主は、引渡し後に限り、代金支払義務を負うことが明確となりました。

もっとも、改正民法567条1項は改正前民法534条1項と同様に任意規定と解されていますので、契約によって修正することができます。そのため、従前の条項例は無効にはなりません。

なお、従前の条項例は、改正民法下においても危険の移転時期を検収時

とするため、買主にとって有利な規定であるので、買主の立場からは修正を求める必要はありません。

(5) その他

Q 21 これから締結する契約の契約書に、「引渡し後〇日以内に検収をすること」、「検収時に危険が移転すること」と定めることはできますか。

A 可能です。
　改正民法567条1項では、目的物の「引渡し時」に危険が移転する旨明文で定められていますが、これと異なる内容を契約で定めることも可能ですので（Q20参照）、検収の期限を定め、その時点を危険移転の時期とする合意も有効です。

Q 22 現行契約書には、契約に基づき発生する債権の譲渡禁止特約が定められているのですが、修正しなければならないでしょうか。

A 修正の必要はありません。
　改正民法は、債権譲渡の禁止・制限の意思表示が行われた場合であっても、「債権の譲渡は、その効力を妨げられない。」と定めています（改正民466条2項）。しかし、これは債権譲渡禁止特約の効力を一般的に否定するものではなく、別途、特約の存在について悪意・重過失の譲受人からの履行請求に対する拒絶権が認められています（同条3項）。したがって、現行契約書の債権譲渡禁止特約は、改正民法のもとでも、その範囲で認められるので、修正する必要はありません。

Q 23 現行契約書には、債権譲渡禁止特約に違反した場合の違約金の定めがあるのですが、このような規定は無効となりますか。

A 無効にはなりません。
　改正民法466条2項は、債権譲渡禁止特約がある場合に債権譲渡がなされても、その効力自体は有効であることを明らかにしています。もっとも、このことにより、契約当事者間で債権譲渡禁止特約に違反し、債務不履行にあたることが否定されるわけではありませんので、違約金の

規定が無効になることはありません。

> **Q 24** 現行契約書には、契約上の地位の移転の禁止の規定があるのですが、この規定を改めなければならないでしょうか。

A 改める必要はありません。

改正前民法では、契約上の地位の移転について明文の規定がありませんでしたが（解釈上認められていました）、改正民法では、契約の一方当事者が第三者との間で契約上の地位を譲渡する旨の合意をし、契約の相手方が承認した場合には、契約上の地位が第三者に移転する旨が明文で定められています（改正民539条の2）。もっとも、この規定は任意規定と解されていますので、当事者間で契約上の地位の第三者への移転を認めないことを定めることは可能です。したがって、現行契約書の規定を改める必要はありません。

> **Q 25** 現行契約書には、改正民法で定められた債務者の履行状況に関する受託保証人に対する情報提供や個人の保証人に対する期限の利益の喪失に関する通知の定めがありません。改正民法施行日以後、この点については何か影響がありますか。また、改正民法施行日以後に締結する契約書については、これらの規定を盛り込む必要がありますか。

A 改正民法の保証に関する規定は、経過措置により、改正民法施行日前の保証契約には適用されませんので（改正法附則21条）、現行契約書について各条項がなくても、改正による影響はありません。

また、改正民法施行日以後に契約を締結する場合であっても、必ずしも各条項を契約書に盛り込む必要はありませんが、記載した方がよいでしょう。

改正民法は新たに、債権者に対し、債務者の履行状況を受託保証人に情報提供する義務や、個人の保証人に期限の利益の喪失に関する通知をする義務を定めており、契約書に規定がなくても、債権者はこれらの通知義務

を負うことになります（改正民458条の2、458条の3）。
　しかし、このような法律上の義務を契約当事者に明確に認識させるために、契約書にそのような条項を置くべきだと思われます。

3　不動産売買契約

(1)　手付に関する定めをどうすべきか

> **Q26**　手付金に関する条項を改める必要はありますか。

●従前の条項例

> 売主または買主の一方が本契約の履行に着手するまでは、買主は手付金を放棄して、売主はその倍額を償還して本契約を解除することができる。

A　改めた方がよいでしょう。
　改正民法では、手付解除に関する従来の判例法理が明文化されました。具体的には、相手方が契約の履行に着手しない限り、履行に着手した当事者からの手付解除が可能であること（改正民557条1項ただし書）、売主が解除する際には、手付金の倍額の「現実の提供」が必要であること（同項本文。「償還」までは不要）が規定されました。
　従前の条項例は、改正前民法下で問題となった点が不明なままの表現になっており、当事者間の認識に齟齬が生じるおそれがありますので、改正民法557条1項の表現に改めた方がよいでしょう。

(2) 買戻しに関する定めをどうすべきか

> **Q 27** 買戻特約に関する条項を改める必要はありますか。

●従前の条項例

> 売主は、買主に対し、売買代金および買主の負担した本契約の費用を返還して、本物件を買い戻すことができる。

A 買主側では検討すべきです。

改正前民法では、買戻特約における売主の返還義務の範囲を「買主が支払った代金及び契約の費用」に限定しており（改正前民579条前段）、これは強行規定と解されていました。これに対し、改正民法では、この返還義務の範囲を契約で変更することができるようになりました（改正民579条前段かっこ書）。

そのため、買主の場合は、売主の返還義務の範囲を拡大する（買戻しに応じる代わりに、買戻しの際には売買代金および契約費用額以上の支払いを求めること）などの対応をとるべきかどうかを検討する必要があります。

(3) 登記に関する定めをどうすべきか

> **Q 28** 売主の所有権移転登記手続への協力義務に関する条項を改める必要はありますか。

●従前の条項例

> 売主は、本物件の売買代金の受領と引換えに、本物件の所有権移転登記に必要な一切の書類を買主に交付する。登記費用は買主の負担とする。

A 改める必要はありません。

改正民法では、従来の通説・判例を受けて、売主が買主に対して登記などの対抗要件を備えさせる義務を負うことを定めた条文が新設されました（改正民560条）。

もっとも、不動産取引実務は、従前の条項例のように、売主が買主に対して対抗要件を備えさせる義務を負うことを前提に運用されてきました。そのため、これまでの契約書でも、改正民法と整合する条項がすでに設けられている場合は、今回の改正を受けて条項を改める必要はないと考えられます。

また、改正民法560条は、登記手続費用の負担を当然に売主に強いる規定ではないと解されます。そのため、当事者間の合意によって登記手続費用を買主に負担させることも可能ですから、この点でも従前の条項例を改める必要はありません。

(4) 瑕疵担保責任の定めをどうすべきか（契約不適合責任）

> **Q29** 瑕疵担保責任に関する条項を見直す必要はあるでしょうか。

●従前の条項例

> 買主は、本物件に瑕疵があり、本契約を締結した目的を達せられない場合は本契約を解除することができ、解除できない場合には、売主に対し、損害賠償の請求をすることができる。

A 売主・買主それぞれの立場から全面的に見直しが必要です。

改正民法では、瑕疵担保責任について、特定物か不特定物かを問わず、売買の目的物が「契約の内容に適合しない」場合には、売主が債務不履行責任を負うという制度に改められました（いわゆる「契約責任説」）。これにより、目的物が「契約内容に不適合」であるかどうかが売主の責任を判断する基準となりました。それにあわせて改正前民法の瑕疵担保責任に関連する条文は全面的に見直されました。

具体的には、「引き渡された目的物が種類、品質又は数量に関して契約の内容に適合しないものである」ときは、その目的物が特定物か不特定物かを問わず、買主に、売主に対する追完請求権が認められるようになりました（改正民562条）。

また、改正前民法で定められていた代金減額請求権や損害賠償請求権、解除権（改正前民565条、566条、570条）に対応する規定は、改正民法でも定められていますが（改正民563条、564条、415条、541条、542条）、権利の内容やそれを行使できる場面が改正前とは異なりますので注意が必要です。詳しくは、Q5〜Q11を参照してください。

現行契約書では、改正前民法の瑕疵担保責任制度を前提とする条項となっていると考えられますので、買主または売主それぞれの立場から、改正民法の内容に従った条項に改めるべく、全面的に見直す必要があります。

Q30

現行の不動産売買契約書では、瑕疵担保責任の免責条項を定めていますが、これを改める必要はあるでしょうか。

●従前の条項例

> 売主は、本物件についての瑕疵担保責任を一切負わないものとする。

A 必須ではありませんが、改めた方がよいと考えます。

改正民法施行日以後も瑕疵担保責任を定める規定も有効と解されますので、これを免責する趣旨で、従前の条項例をそのまま用いることもできると考えられます。

もっとも、Q29で説明したとおり、改正民法では、改正前民法の瑕疵担保責任に関する規定は全面的に改められ、契約内容に不適合かどうかが売主の責任を判断する基準となりました。そのため、改正民法施行日以後の担保責任を免責する趣旨であることが明らかになるよう、改正民法にあわせた文言に改めた方がよいと考えます。たとえば、

> 売主は、本物件が種類、品質又は数量に関して本契約の内容に適合しないものであったときも、それに関する責任を一切負わないものとする。

と明記することが考えられます。

Q31

現行の不動産売買契約書では、不動産に「隠れた瑕疵」があった場合に売主が瑕疵担保責任を負う期間を定めていますが、この条項を改める必要はあるでしょうか。

●従前の条項例

> 売主は、買主に対し、本物件の隠れた瑕疵について、本物件の引渡し後2年間、瑕疵担保責任を負う。

A 改める必要があります。

改正民法では、売主の瑕疵担保責任について、「隠れた」という主観的要件が削除され、「瑕疵」の有無も目的物が「契約の内容に適合しな

い」かどうかで判断されることになりました。そのため、従来の「隠れた瑕疵」に関する責任という文言を改め、改正民法に即した文言に改める必要があります。たとえば、

> 本物件が種類、品質または数量に関して契約の内容に適合しないものであった場合には、売主は、買主に対し、本物件の引渡し後〇年間、担保責任を負う。

と定めることが考えられます。

また、改正民法下では、買主は、目的物に不適合があることを知った時から1年以内にその旨を売主に通知しないと、契約不適合に基づく追完請求権、代金減額請求権、損害賠償請求権、および解除権を行使することができなくなります（改正民566条本文）。

もっとも、改正民法の「1年以内」との期間は任意規定と解されますので、当事者の合意によって伸長、短縮が可能であり、その期間を明文で定めることも考えられます。

また、不適合を知った旨の通知をしたときでも、不適合を知った時から5年が経過すると消滅時効によりこれらの権利を行使することができなくなりますので注意が必要です（改正民166条1項1号）。

Q32 改正民法では、不動産の瑕疵について売主に帰責事由がない場合、瑕疵について損害賠償を請求することはできますか。

A 売主に帰責事由がない場合には、買主は、損害賠償を請求できず、追完請求や代金減額請求、解除しかできませんが、特約により対応することは可能です。

改正民法では、改正前民法の瑕疵担保責任に基づく損害賠償の規定は廃止され、代わりに、目的物が「契約の内容に適合しない」場合に、買主が、契約の一般原則である債務不履行に基づく損害賠償請求権を行使できることが明示されました（改正民564条、415条）。そして、債務不履行に基づく損害賠償請求には、売主の帰責事由が必要ですので（改正民415条1項ただし書）、改正民法では、買主が不動産の瑕疵（契約内容との不適合）

に基づいて損害賠償請求するためには、売主の帰責事由が必要です。

売主に帰責事由がない場合には、買主は、追完請求権や代金減額請求権、解除権を行使する限度で保護されることになります（改正民562条、563条、564条、541条、542条）。

もっとも、契約において、売主に帰責事由がない場合でも損害賠償に代わる補償義務を負わせる旨の特約を当事者間で結ぶことは可能です。

Q33 改正民法では、不動産に心理的・環境的な瑕疵があった場合に売主の担保責任を追及することができますか。

A 心理的・環境的な瑕疵によって当該不動産が「契約の内容に適合しない」と判断される場合には担保責任を追及できます。

改正前民法570条の「隠れた瑕疵」には、目的物それ自体に関する物理的な欠陥だけでなく、目的物にまつわる嫌悪すべき歴史的背景に起因する心理的な欠陥（いわゆる心理的瑕疵）や目的物の環境に関する欠陥（いわゆる環境的瑕疵）も含まれると解されてきました。不動産についていえば、たとえば、直近で居住者が自殺していたり、隣接するビルが暴力団事務所であったりするという事由は、「隠れた瑕疵」に該当すると考えられていました。

改正民法では、目的物の「隠れた瑕疵」ではなく、「目的物が種類、品質又は数量に関して契約の内容に適合しないものであるとき」に売主が担保責任を負うとの規定に改められましたが（改正民562条など）、心理的瑕疵や環境的瑕疵に相当する事由が存在することによって目的物が「契約の内容に適合しない」と判断されるのであれば、改正民法下でも、買主は売主の担保責任を追及することが可能と解されます。

もっとも、不動産の売主の債務の中核は目的物の引渡しですので、心理的または環境的な問題があるからといってただちに契約内容の不適合が認められるわけではありません。損害賠償請求を行うには売主の故意過失の立証が必要ですし、代金減額請求を行うには当該不動産の客観的価値の算定の問題があり、いずれも容易ではありません。そのため、買主としては、心理的または環境的な問題に備え、購入不動産の用途や目的を契約書

に明記したり、物件の状況に関して特に問題となる事項について個別に売主から報告書などを提出させるなどして、その問題が契約内容の不適合であり、債務不履行にあたることを説明しやすくなるような対策を講じることが考えられます。

Q34 改正民法で、買主の追完請求権に関する条文が新設されたことを受け、現行の不動産売買契約書をどのように改めればよいでしょうか。

A 不動産の売主・買主の立場によって改定すべき点が異なります。
　改正民法では、「契約の内容に適合しない」（Q5）場合に、買主が、売主に対し、修補や代替物の引渡しなどによる履行の追完を請求することができる旨の規定が新設されました（改正民562条）。この追完請求権は、売主に帰責事由（改正民415条1項ただし書参照）がない場合でも行使できますが、買主に帰責事由がある場合には行使できません（改正民562条2項）。また、履行の追完が不能の場合にも、買主は、追完請求することができません（改正民412条の2第1項）。さらに、追完義務は特約によって免除することも可能です（改正民572条参照）。
　以上に基づき、不動産の買主としては、まず、契約書の条項が追完請求権を認めているか、法令の規定よりも買主にとって制限された内容になっていないか（売主に帰責事由がない場合には追完請求権を行使できないなど）を確認する必要があります。もし、改正前民法の瑕疵担保責任に関する条項のままの契約書については、追完請求権が認められることを明確にし、改正民法の条文に即した内容に改めることも検討すべきです。
　反対に、売主としては、追完請求権について免責を受けるかどうかを含め、どのような条項を設けるかを検討することになります。
　なお、売主は、買主に不相当な負担を課するものでないときは、買主が請求した方法と異なる方法で履行の追完をすることができます（改正民562条1項ただし書）。ただし、どのような不具合が存在する場合に、どの程度まで修補対応すべきであるかは個別の事情に基づくことになりますから、特に補修に多額の費用が生じうる不動産取引においては、可能な限

り、追完義務の具体的内容をあらかじめ契約書で定めておくことがよいでしょう。

> **Q35** 買主の代金減額請求権に関する条文が見直されたことを受け、現行契約書をどのように改めればよいでしょうか。

A 不動産の売主・買主の立場によって契約条項として改定すべき点が異なります。

改正民法では、契約内容に不適合（Q5）がある場合、売主が追完義務を履行しない場合には、買主は、不適合の程度に応じて代金の減額を請求することができるようになりました（改正民563条）。代金減額請求をするためには、前提として、原則、買主から履行の追完の催告を要しますが（同条1項）、履行の追完が不能であるときなどでは、催告することなくただちに代金減額請求をすることができます（同条2項）。また、この代金減額請求権は、売主に帰責事由がない場合でも行使できますが、買主に帰責事由がある場合には行使できません（同条3項）。

そのため、買主としては、契約書の条項が改正民法の代金減額請求権を認める内容になっていることを確認したり、必要に応じてこれに即したものにしたりすることが考えられます。

一方で、売主としては、契約によって代金減額請求権の行使を制限することも視野に入れ、契約条項をどのように定めるべきかを検討することが考えられます。

なお、改正民法では、減額すべき金額の具体的な算定方法は定められていませんが、立案担当者によれば、「実際に引き渡された目的物の現に有する価値と契約の内容に適合していたならば目的物が有していたであろう価値とを比較して、その割合を代金額に乗じたもの」を減額すべき金額とすることが想定されています（一問一答279頁）。

また、この価値を比較する基準時については、代金減額請求が「実際に引き渡された目的物でも契約の内容に適合していたものと擬制してその差を代金額に反映させるという意味で契約の改訂を行うものである」ことから、契約時を基準時とするのが相当であると解されています（一問一答

279頁)。

　もっとも、これらの解釈がすべての不動産取引において妥当するものといえるかどうかは定かではなく、また、買主と売主とで考え方に齟齬が生じるおそれもありますので、契約書に、減額すべき金額の具体的な算定方法や基準時を明記しておくのがよいと考えます。

> **Q36** 不動産の瑕疵に基づく損害賠償義務の範囲は、改正民法で変更されたのでしょうか。

A 変更されており、契約書の改定を検討すべき点があります。
　改正民法では、不動産の瑕疵（契約内容との不適合）に基づく損害賠償請求は債務不履行によるものと考えられていますので、売主の帰責事由が必要になります（改正民564条、415条。詳しくはQ32をご覧ください）。
　そのため、損害賠償義務の範囲は、信頼利益にとどまらず、履行利益も含むと解されます。
　このように、改正民法下では、売主に帰責事由が存在する場合にしか損害賠償請求が認められなくなった点で、不動産の瑕疵に関する売主の損害賠償義務の範囲は狭くなったと考えられます（売主に帰責事由が存在しないときは、買主は、追完請求権や代金減額請求権、解除権を行使する限度で保護されることになります）。他方で、売主に帰責事由が存在する場合には、改正前民法下で認められなかった損害（履行利益）まで賠償義務が認められるケースも生じうると考えられます。
　もっとも、これら改正民法の規定は任意規定と解され、当事者の合意によって変更することが可能です。
　売主としては、帰責事由が存在する場合には、改正前民法下よりも損害賠償義務の範囲が広くなるおそれがありますので、損害賠償義務の範囲として「転売利益等の履行利益を含まない」旨の条項を加えることが考えられます。また、改正前民法との違いを明確にするために、目的の不動産が「種類、品質又は数量に関して契約の内容に適合しないもの」であったとしても、売主に帰責事由がなければ損害賠償義務を負わない旨の条項を確

認的に定めておくことも考えられます。

　買主としては、改正前民法と同様に、売主に帰責事由がなくても不動産に瑕疵（契約内容との不適合）があれば、損害賠償請求ができる旨の条項を設けることが考えられます。また、転売などで不動産を利用して収益を上げることを予定しているのであれば、その目的を契約書に明示したうえで、それによる利益（履行利益）も賠償の範囲に含まれることを明文で確認しておくことが考えられます。

Q37 改正民法施行日前に締結された売買契約によって引き渡された不動産について、施行日以後に瑕疵が発見された場合、改正前民法と改正民法のどちらの法律が適用されるのでしょうか。

A 改正前民法が適用されます。
　施行日前に締結された売買契約に関しては、経過措置により、改正前民法が適用されます（改正法附則34条1項）。

(5) 債務不履行責任の定めをどうすべきか（損害賠償）

Q38 現行の不動産売買契約書の契約違反による損害賠償に関する条項を改める必要はありますか。

●従前の条項例

> 買主または売主は、相手方が本契約に定める債務を履行しない場合には、相手方に対し、これによって生じた損害の賠償を請求することができる。

A 条項しだいでは必要な場合があります。

改正民法では、履行不能以外の債務不履行についても債務者の帰責事由が必要であること、帰責事由は「契約その他の債務の発生原因及び取引上の社会通念に照らして」判断されることが明示されました（改正民415条1項）。この判断は、「個々の取引関係に即して、契約の性質、契約の目的、契約の締結に至る経緯等の債務の発生原因となった契約に関する諸事情」に「取引に関して形成された社会通念をも勘案」するという改正前民法下の実務運用と変わらないと考えられています（一問一答74頁参照）。

このほか、債務の履行に代えて損害賠償が請求できる場合（填補賠償）に関する規定が新設され（改正民415条2項）、損害賠償の範囲（改正民416条）についても若干の改正がありましたが、これらはいずれも改正前民法下の判例や実務上の解釈を明文化するものです。

このように、債務不履行による損害賠償の要件や考え方については、改正前民法から大きく変わったところはありませんが、帰責事由の判断要素が明示されるなど改正された点も少なくありません。そのため、改正民法の表現に照らして従来の条項を改める必要がある場合もあるでしょう。

なお、不動産売買契約では、一般に、債務不履行による損害賠償額の予定として違約金の定めを設けている場合が多いと考えられます。賠償額の予定に関する条文も一部改正されていますが（改正民420条）、違約金条項に直接の影響はありませんので、従前の条項を改める必要はありません。

(6) 債務不履行責任の定めをどうすべきか（解除・危険負担）

> **Q39** 現行の不動産売買契約書の解除に関する条項を改める必要はありますか。

●従前の条項例

> 買主または売主は、相手方が本契約に定める債務を履行しない場合には、相手方に対して債務の履行を催告したうえで、本契約を解除することができる。ただし、その債務不履行が債務者の責めに帰することができない事由によるものであるときは、本契約を解除することができない。

A 条項しだいでは必要な場合があります。

　改正民法では、改正前の債務不履行解除に関する規定（改正前民541条、542条、543条）が、催告解除（改正民541条）と無催告解除（改正民542条）の規定に整理されました。もっとも、現行の契約書でも催告解除と無催告解除を分けて規定している例は多いと考えられますので、その場合は、条項を改める必要はありません。

　また、改正前民法では、債務者に帰責事由があることが解除の要件とされていましたが（改正前民543条ただし書参照）、改正民法では要件から除外されました（改正民541条、542条参照）。そのため、従前の条項例のように「債務者に帰責事由があること」を解除の要件としている場合には、改正に伴い、その条項を維持すべきかどうかを、売主と買主双方の立場から検討する必要があります。

　詳しくは、Q16～Q19を参照してください。

> **Q40** 現行の不動産売買契約書の危険負担に関する条項を改める必要はありますか。

●従前の条項例

> 天災地変等の不可抗力その他売主および買主のいずれの責めにも帰しえない事由により本物件が滅失・毀損したときの損害は、本物件の引渡し前においては売主が負担し、引渡し後においては買主が負担する。

A 改める必要がない場合が多いと考えられます。

改正前民法では、引渡し前の不動産が、売主と買主双方の責めに帰しえない事由で滅失した場合であっても、買主は売買代金を支払わなければならない規定になっていました（改正前民534条）。

これに対し、今回の改正では、この危険負担に関する規定は廃止され、不動産売買のような特定物売買における危険の移転時期を引渡し時とする規定が新たに設けられました（改正民567条）。これにより、法令上、引渡し前に不動産が滅失した場合には、買主は売買代金を売主に支払わなくて済むようになりました。

もっとも、不動産取引実務では、従来から、この危険の移転時期を引渡し時とする運用がなされており、契約書も従前の条項例のようになっていたケースが多いと考えられます。

そのため、あえて、その条項を改める必要がない場合が多いと考えられます。

(7) その他

Q41 改正前民法と改正民法では、不動産売買契約を錯誤によって解消できる場合に差異はありますか。

A 期限の点では差異があります。

今回、錯誤に関する条文が大きく改正されましたが（改正民95条）、その多くは従来の判例法理を明文化するものであり、現実に錯誤の主張が認められる要件が大きく変わったわけではありません。

他方で、錯誤による意思表示の効果が「無効」から「取消し」に変わったことで、錯誤を主張できる期間に制限が設けられることになりました（改正民126条）。これにより、「追認をすることができる時から5年」、「行為の時から20年」を経過したときは、錯誤の主張ができなくなります。

詳しくは、第2章Q20を参照してください。

Q42 競売による不動産の買受人の権利に変更点はありますか。

A いくつか変更点があります。

売主の担保責任の規定が見直されたことに伴い、競売における担保責任の内容が一部変更されています。

① 代金減額請求権について

改正前民法では、権利の瑕疵に関する代金減額請求は売主の担保責任として認められておらず（改正前民566条）、競売の場合も認められていませんでした（改正前民568条）。

これに対し、改正民法では、権利の不適合について代金減額請求権が認められることになり（改正民565条、563条）、競売における担保責任としても認められるようになりました（改正民568条）。ただし、競売の場合、その性質上、債務者による履行の追完を観念することができないことから、競売における担保責任の規定には追完請求権（改正民562条）が準用されていません。これにより、代金減額請求における履行の追完の催告

（改正民563条1項）も不要と考えられています。また、競売における担保責任の規定は、目的物の種類または品質に関する不適合には適用されず、これら不適合による代金減額請求権も認められませんので注意が必要です（改正民568条4項）。

② 権利行使期間について

改正前民法では、権利の瑕疵や数量不足に関する売主の担保責任を追及できる期間が1年に制限されており（改正前民564条、565条、566条）、競売の場合も同様でした（改正前民568条）。

これに対し、改正民法では、この担保責任を追及できる期間には短期の期間制限が設けられず（改正民566条は、種類または品質に関する不適合にのみ期間制限を設けています）、競売の場合もその制限がなくなりました（改正民568条）。そのため、債権一般についての消滅時効期間（改正民166条1項）に従い、買受人は、「権利を行使することができることを知った時から5年」、「行使することができる時から10年」まで権利行使が可能となりました。

Q43 買主が代金の支払いを拒絶できる場合を定めた条文が見直されたことで、現行の不動産売買契約書を改める必要はありますか。

A 代金の支払拒絶に関する条項を設けている場合には改めた方がよいと考えます。

改正民法では、権利を失うおそれがある場合の買主による代金の支払拒絶を定めた規定（改正前民576条）と、抵当権などの登記がある場合の買主による代金の支払拒絶を定めた規定（改正前民577条）が一部改正されました（改正民576条、577条）。

改正民法576条は、改正前民法よりも買主が代金を支払拒絶できる場面が広く定められましたが、従来の実務上の運用や解釈に整合させたものです。

また、改正民法577条は、瑕疵担保責任に関する規定が改められたことに伴い、「契約の内容に適合しない」抵当権などの登記があった場合に代金の支払拒絶ができるという表現に改められました。

現行の契約書でこれら改正に関連する条項が設けられている場合には、改正民法にあわせた文言に改めた方がよいと考えます。設けられていない場合には、これら改正が現行の契約書のその他の条項に直接の影響を与えることはないと考えられるものの、確認の意味で改正民法と同様の規定を新たに設けるか否かについて検討してください。

4　株式譲渡・事業譲渡契約

(1)　表明保証条項をどうすべきか

> **Q44**　民法改正に伴い、表明保証条項を改める必要はありますか。

●従前の条項例

> 　甲は、乙に対し、本契約締結日およびクロージング日において、次の各号に記載される事項が真実かつ正確であることを表明し、保証する。
> 　①　……

A　根本的な見直しは不要ですが、微修正は必要となるものと思われます。

　表明保証条項は、民法上の制度ではありませんので、改正民法との関係では根本的な見直しは不要です。もっとも、改正民法において、民法上の成立要件・有効要件が変更・新設されているものについては（たとえば、個人保証の成立要件、消滅時効の期間、定型約款に該当する契約の有効性など）、表明保証条項の記載も、改正民法にあわせて、それらの要件を充足していることを保証するとの内容に修正する必要があります。

(2) 債務不履行責任の定めをどうすべきか（損害賠償・解除・危険負担）

> **Q45** 民法改正に伴い、現行契約書の解除に関する条項を改める必要はありますか。

●従前の条項例

> 次の各号の事由が発生した場合は、本株式譲渡の実行前に限り、本契約を解除することができる。
> ① ……

A 改める必要がある場合があります。

改正民法では解除のために債務者の帰責性は不要とされています。そのため、改正前民法と同じく解除にあたって債務者の帰責性を要件としたい場合には、現行契約書の条項を改めて、契約書にその旨を明記する必要があります。

なお、解除に関する規定は任意規定と解されるため、従前の条項例の「本件株式譲渡の実行前に限り」のように、解除期間に制限を課すことも有効ですから、この点を改める必要はありません。

このほか、解除に関する改正の詳細については、Q16〜Q19をご参照ください。

> **Q46** 契約締結後、クロージングまでの間に、対象株式の評価にかかわる不動産が滅失した場合には、それに相当する金額を株式の代金額から減額するとの内容の条項は、改正民法下で改める必要はありますか。

●従前の条項例

> 本契約締結の日からクロージングまでの間に、譲渡人および譲受人双方の責に帰することができない事情により、別紙○に定める不動産が滅失・毀損した場合、当該滅失・毀損分に相当する金額を本件株式の対価から減額する。

A 改める必要はありません。
　改正民法では危険負担に関する規律について改正がなされていますが、これと異なる合意を認めない趣旨の改正ではないため、従前の条項例のような定めを改める必要はありません。

> **Q47** 現行契約書中、表明事項・保証事項が真実でないことがわかった際に損害賠償請求できる旨の規定がありますが、これを改める必要はありますか。

●従前の条項例

> 譲渡人は、譲受人に対して、第○条に基づく譲渡人による表明もしくは保証が不実もしくは不正確であることに起因して譲受人が被った損害等を補償するものとする。ただし、その損害額は本件譲渡対価を限度とする。

A 改める必要はありません。
　改正民法では、損害賠償に関する定めについても変更が加えられていますが、従来の解釈を明文化する趣旨の改正であり、実務において大きな変更はないと解されています（損害賠償に関する改正については、Q12～Q15参照）。
　なお、株式譲渡・事業譲渡契約では、その性質上影響範囲が広くなりやすいため、従前の条項例のただし書のように補償範囲を限定する旨の定めを置く場合もありますが、改正民法においても、このような定めは有効です。

(3) 譲渡契約に基づく義務を保証する条項をどうすべきか

Q48 民法改正に伴い、現行の株式・事業譲渡契約書などにおける個人保証の条項を改める必要はありますか。

●従前の条項例

> 経営者株主は、前条において対象会社が負う損害賠償債務および株式買取債務について、対象会社と連帯して債務履行の責任を負う。

A 改める必要はありません。

改正民法では個人の保証人の保護に関する定めが新設されましたが（改正民465条の6～465条の10）、改正民法465条の6～465条の9は、条文上、保証契約の対象となる主たる債務が「貸金等債務」である場合に限定されているため、従前の条項例のように損害賠償債務や株式買取債務を主たる債務とする保証契約については、適用されないものと思われます。

なお、株式譲渡・事業譲渡契約のなかに、「貸金等債務を主たる債務とする保証」も含まれる場合には、第4章Q12～Q17をご参照ください。

(4) 譲渡対象資産・負債の移転に関する定めをどうすべきか
（契約上の地位の移転・債権譲渡・債務引受）

Q49 譲渡対象資産のなかに「契約上の地位」が含まれる場合、民法改正に伴って改めるべき点はありますか。

●従前の条項例

> 第○条（契約上の地位の承継）
> 　譲渡人は、譲受人に対し、本事業に関する別紙○に掲げる契約の契約上の地位およびこれに基づく権利義務（「本譲渡契約」という）を譲り渡し、譲受人は、これを譲り受ける。
> 　　　　　　　　　　（中略）
> 第○条（クロージング条件）
> 　譲渡人は、クロージング日までに、本譲渡契約の相手方から本譲渡契約の地位の承継について書面による承諾を取得しなければならない。

A 改める必要はありません。
　改正前民法においては明文の規定がなかった契約上の地位の承継について、改正民法では従前の解釈を受けて、契約上の地位の移転の要件として譲渡人と譲受人との合意のみならず契約の相手方による承諾が必要であることが明示されました（改正民539条の2）。そのため、事業譲渡契約書においても、従来どおり、契約の相手方の承諾を要する旨やこれを担保できるような表明保証条項、クロージング条件などの条項が定められていれば、これを改める必要はありません（例外として不動産の賃貸人たる地位の移転について、第5章Q23参照）。

4 株式譲渡・事業譲渡契約
(4) 譲渡対象資産・負債の移転に関する定めをどうすべきか（契約上の地位の移転・債権譲渡・債務引受）　Q50

Q50 譲渡対象資産のなかに「債権」が含まれる場合、民法改正に伴って改めるべき点はありますか。

●従前の条項例

1　譲渡人は、譲受人に対し、別紙○に掲げる債権を譲り渡し、譲受人は、これを譲り受ける。
2　譲渡人は、受渡日までに、債務者から本契約に基づく債権譲渡につき異議をとどめない承諾を取得し、当該承諾に確定日付を取得する。

A　改める必要があります。

　債権譲渡については多くの改正がなされており、詳細は第7章Q1～Q10において解説されているとおりです。いずれも従来の運用を大きく変える趣旨の改正ではありませんが、事業譲渡契約においては、特に、以下の3つの観点から条文の改定を検討すべきです。

①　対象となる債権に譲渡制限特約が付されていた場合、譲受人がこれについて悪意または重過失であるとき、改正前民法では当該債権譲渡自体が無効となるリスクがあったため（改正前民466条2項）、事業譲渡契約書上で譲渡人が譲渡制限がないことの表明保証をしたり、債務者からの同意取得を事業譲渡契約のクロージング条件とするというような手法がとられてきました。これに対して、改正民法では、譲渡制限特約が付された債権についても債権譲渡の効力自体は有効としたうえで債務者に履行拒絶権を認めており（改正民466条2項・3項）、譲受人の側から、改正民法466条4項に定める譲渡人の履行の催告や466条の3の供託請求（譲渡人について破産手続開始の決定があったとき）を行うことで、債権の権利行使を実現する選択肢も増えています。

　そのため、事業譲渡契約書においては、譲渡債権の性質や債務者の状況に応じて、適切な権利行使方法を選択し、明記することが必要となります。

　たとえば、譲受人において、当該事業譲渡について、ある債権譲渡が必須条件であると考えている場合には、従来どおりの表明保証やクロージング条件を設定すべきですが、必ずしも必須ではないと考えて

いる場合には催告手続への譲渡人の協力義務だけを定めておく、ということも考えられます。
② 譲渡債権に関する債務者の抗弁権への対応として、改正前民法では、債務者から「異議をとどめない承諾」を取得することが必要でしたが（改正前民468条1項）、改正民法においては、これが廃止され、抗弁切断のためには、一般的な債務者による抗弁放棄の意思表示が必要となりました。両者の実質的な違いについては実務の集積を待つ必要がありますが、少なくとも、事業譲渡契約書において従前の条項例の2項のような定めを置いている場合には、「異議をとどめない承諾を取得し」の部分を「弁済、相殺その他一切の抗弁を放棄する旨の承諾を取得し」と変更するべきです。
③ 従来の判例法理により認められてきた将来債権の譲渡が、改正民法466条の6において明文化され、債務者対抗要件具備前の譲渡制限特約の効力についても同条3項で定められたため、これに沿って、事業譲渡契約書上も債務者対抗要件の具備手続について明記する必要があります。

Q51 事業譲渡に伴って移転される対象のなかに「債務」が含まれる場合、民法改正に伴って改めるべき点はありますか。

●従前の条項例

第○条（債務引受）
　譲受人は、別紙○に掲げる譲渡人の債務（「本譲渡債務」という）を免責的に引き受ける。
（中略）
第○条（クロージング条件）
　譲渡人は、クロージング日までに、本譲渡債務を譲受人が引き受けることについて各債務の債権者から承諾書を取得し、譲受人に対して提出しなければならない。

A 基本的に改める必要はありません。
　債務引受については、従来の一般的な理解のもと、併存的債務引受

と免責的債務引受のそれぞれについて明文の規定が置かれることとなりました。その詳細については第7章 Q11～Q18 において解説されているとおりです。

　従前の条項例のような免責的債務引受の場合で、債務者である譲渡人と引受人であるに譲受人との二者間で事業譲渡契約が締結されるときには、従前どおり債権者の承諾取得をクロージング条件として設定する必要があります（改正民472条3項）。

第4章　消費貸借

1 消費貸借に関する改正点

Q1　民法改正では消費貸借契約についてどのような見直しがなされたのでしょうか。

A　消費貸借契約については、主に、以下の点が見直されています。

① 書面でする消費貸借（諾成的消費貸借）の明文化とそれに伴う消費貸借の予約に関する規定の削除（改正民587条の2。Q3～Q5）
② 貸主の担保責任の改正（無利息消費貸借への贈与の担保責任規定の準用、ならびに利息付、無利息を問わず契約に適合しない目的物の借主による価額返還の許容など）（改正民590条1項・2項）
③ 準消費貸借の規定の改正（改正民588条。Q11）
④ 利息に関する規定の新設（改正民589条1項・2項。Q9）
⑤ 期限前弁済に関する規律の明確化（改正民591条2項・3項。Q10）

Q2　民法改正に伴い、現行の消費貸借契約書を見直す必要はありますか。

A　貸主としては、諾成的消費貸借契約の解除、期限前弁済および保証に関して規定の見直しを検討するのがよいでしょう。

改正の趣旨や具体的な規定に関しては、諾成的消費貸借の解除についてはQ6およびQ7、期限前弁済についてはQ10、保証についてはQ12～Q17を参照してください。

2 書面でする消費貸借（諾成的消費貸借）

(1) 諾成的消費貸借の明文化

Q3 改正民法のもとで、消費貸借の予約をするメリットはありますか。

A 改正民法のもとでは、消費貸借の予約をするメリットはあまりないといえます。

　消費貸借契約の予約は、将来消費貸借契約を締結し目的物の引渡しをすることをあらかじめ合意しておくものです。改正民法により書面による諾成的消費貸借契約の規定（改正民587条の2）が新設され、消費貸借の予約に関する規定が削除されましたが、消費貸借の予約そのものの存在は否定されるものではありません。

　しかし、消費貸借の予約をして当事者が予約完結の意思表示をしても、書面がなければ目的物の交付前に諾成的消費貸借の効力は生じません（一問一答293頁）。借主が最終的な資金需要に応じて予約完結権を行使するかどうかを見極める場合などに予約をする意義はあると思われますが、消費貸借の予約にも諾成的消費貸借の規定が類推適用されることが想定されておりますので（一問一答294頁）、諾成的消費貸借契約ではなく、消費貸借の予約を利用するメリットはあまりないといえます。

Q4 民法改正で認められた諾成的消費貸借契約を、口頭で締結することはできますか。

A 諾成的消費貸借は口頭で締結することはできません。書面または電磁的記録でなされる必要があります。

　改正前民法においても、金銭等の交付前の合意による消費貸借契約の締結、いわゆる諾成的消費貸借は判例上認められていましたが（最判昭和

48・3・16金法683号25頁)、改正民法において明文化されました。ただし、諾成的消費貸借契約は口頭で締結することはできず、書面または電磁的記録（Q5参照）によらなければなりません（改正民587条の2第1項・4項)。

> **Q5** メールなどで諾成的消費貸借契約を締結することはできますか。

A 電磁的記録による諾成的消費貸借契約として可能です。ただし、意図せずメールによる諾成的消費貸借契約の締結がなされたと主張されないよう注意が必要です。

金銭等を交付する前に行う消費貸借の合意（諾成的消費貸借契約）は、書面で行う必要がありますが（改正民587条の2第1項）、電磁的記録による合意も認められています（同条4項）。

したがって、メールなどによる合意も可能です。この場合、メールでのやりとりの簡便性ゆえに、メールのやりとりをしているうちに、合意に至っていないにもかかわらず、意図せず、または意図とは異なる内容の消費貸借契約が締結されたと相手方から主張されることのないよう注意する必要があります。

(2) 諾成的消費貸借契約の解除条項をどうすべきか

Q6 諾成的消費貸借契約について、貸主が金銭等を交付する前に借主が解除することはできますか。

A 諾成的消費貸借契約において、借主は、契約の目的物を受け取るまでの間であれば、契約を解除することができます（改正民587条の2第2項）。ただし、この場合、貸主は借主に対し損害賠償請求が可能ですので（同項後段）、借主としてはこのような請求を受けうることに注意が必要です（この点に関する契約書の見直しはQ7を参照）。

Q7 民法改正を受け、諾成的消費貸借契約の借主による解除権（改正民587の2第2項）に関して、金銭消費貸借契約書を見直した方がよいでしょうか。

A 諾成的消費貸借契約について、目的物の交付前に借主が解除権を行使した場合の貸主による損害賠償請求について、貸主としては請求できる項目などを明確にするため、借主としては請求を受ける範囲を限定するために、損害賠償の内容および範囲について具体的な規定を定めておくとよいでしょう。

借主は目的物を受け取るまでの間、諾成的消費貸借契約を解除することができますが、それによって貸主が損害を被った場合、貸主は借主に損害賠償請求ができます（改正民587条の2第2項後段）。

貸主の損害として、たとえば貸主が目的物を調達するために支出した費用が考えられますが、損害賠償の範囲は改正民法の規定上明確ではありません。

そこで、貸主としては、損害賠償請求できる損害の範囲をあらかじめ明確にするために、

> 借主は、貸主から金銭を受け取るまで契約の解除をすることができる。
> ただし、当該解除によって貸主に損害（貸付金の調達のための費用を含むがこれに限らない）が生じた場合には貸主は損害の賠償を請求することができる。

といった規定を設けるのがよいでしょう。
　一方、借主としては、かかる損害賠償請求を回避または制限するため、上記のただし書に代えて、

> 借主は当該解除について貸主に対し何らの損害賠償責任を負わないものとする。

あるいは、

> 当該解除について借主が貸主に対し負う損害賠償責任は○○○に限定される。

といった規定にすることを検討するのがよいでしょう。
　なお、参議院の附帯決議では、このような解除に伴う貸主の損害賠償請求につき、金銭消費貸借を業として行う者（銀行や貸金業者が考えられます）は、資金を他へ転用できる可能性が高いことから、改正民法587条の2第2項の規定の適用場面は限定的であることを、政府が借主・貸主に周知徹底すること、とされています。したがって、金銭消費貸借を業として行う者が貸主となる諾成的消費貸借契約を締結する場合には、当事者はこの附帯決議に留意した対応をとることが求められます。

Q8 諾成的消費貸借契約の締結後、金銭の交付前に借主が破産手続開始決定や民事再生手続開始決定を受けた場合について、契約書に何も規定がないのですが、そのような場合でも金銭の交付義務を負うのでしょうか。

A 借主の破産の場合について別段の規定を設けなくても、契約が失効し、金銭の交付義務は負いません。他方で、民事再生手続や会社更

生手続その他の信用不安に関しては、貸主は、これらの事情が消費貸借契約の失効事由もしくは解除事由になる旨を契約書に規定しておくとよいでしょう。

　諾成的消費契約締結後、借主が金銭その他の物を受け取る前に当事者の一方が破産手続開始決定を受けた場合、同契約は効力を失います（改正民587条の2第3項）。

　一方、改正民法は、借主が民事再生手続開始決定や会社更生手続開始決定を受けた場合の契約の効力については規定しておらず、民事再生法49条、会社更生法61条などの解釈に委ねられると解されます。

　そこで、貸主としては、融資の実行を回避するため、これらの手続開始の申立てが諾成的消費貸借契約の失効事由あるいは解除事由となる旨（「借主が貸主から貸付けを受ける前に民事再生手続開始の申立てが行われた場合、本契約はその効力を失うものとする。」など）を契約書に規定しておくことが考えられます。ただし、民事再生手続開始や会社更生手続開始の申立てを解除事由とする特約を無効とする判例（最判平成20・12・16民集62巻10号2561頁、最判昭和57・3・30民集36巻3号484頁）があるため、今後、上記規定の有効性は問題となりうる点に注意が必要です。

3 利息

Q9 民法改正を受け、現行の消費貸借契約書について、利息の規定を見直す必要はありますか。

●従前の条項例

> 第○条の借入金の利息は、年○％とし、借主が第○条に基づき借入金を受領した日から発生するものとし、以後毎月末日までに、当該月分の利息を貸主に持参または貸主の指定する口座に振り込んで支払う。

A 利息に関する規定を見直す必要はありません。

改正民法では、貸主は特約がなければ利息の請求ができない旨の規定が新設されました（改正民589条1項）が、改正前民法の解釈・判例をふまえた内容ですので、改めて見直す必要はありません。また、同様に改正民法589条2項では、元本の受領日以降が利息の発生時期であることが明文化されましたので、貸主と借主の合意で利息の発生時期を同日より遅らせることは可能です。他方、利息の発生時期を借主が元本を受領した日より早くすることはできません。

4 期限前弁済

Q10 消費貸借契約書で、金銭の返還時期を定めましたが、借主が期限前に返還することは可能ですか。また、民法改正を受け、期限前弁済に関して契約書を見直すべき点はあるでしょうか。

●従前の条項例

> 借主は、第〇条に定める約定返済のほか、延滞等特別な事情がない限り、いつでも（休日を含む）繰上返済をすることができる。

A 返還時期の定めがある場合でも借主が期限前に返還することは可能です。もっとも、設問の場合、貸主は、損害賠償請求ができますので、契約書に、期限前弁済において請求可能な損害賠償の具体的内容を契約で明記すること、他方で、借主は、そのような損害賠償請求を回避または限定できる規定の明記を検討するのがよいでしょう。

改正民法では、返還時期の定めの有無を問わず、消費貸借契約の借主はいつでも目的物の返還が可能であることが明確にされました（改正民591条2項）。一方、返還時期の定めがある場合の期限前弁済によって貸主が損害を受けた場合、貸主は借主に対しその損害賠償を請求ができるとされています（同条3項）。どのようなものがこの「損害」に含まれるかは今後の解釈に委ねられますが、たとえば、期限前弁済をしたときから約定した返還時期までに発生しえた利息相当額が損害であるとする考え方があります。

そこで、損害の解釈に関する紛争予防のため、貸主としては従前の条項例の後に、

> ただし、借主は、貸主に対し、繰上返済の手数料および違約金として金〇〇〇円を支払うものとする。

といった規定を設けるのがよいでしょう。

一方、借主としては、そのような貸主からの損害賠償請求を回避または

限定するため、

> 借主は、貸主に対し、繰上返済により貸主が被る何らの損害も賠償する責任を負わないものとする。

あるいは、

> 繰上返済により貸主が被る損害について借主が貸主に対し負う損害賠償責任は○○○に限定される。

といった規定を設けることが考えられます。

　なお、参議院の附帯決議では、期限前弁済に際しての損害賠償請求につき、金銭消費貸借を業として行う者（銀行や貸金業者が考えられます）は、繰上弁済を受けた資金を他へ転用できる可能性が高いことから、改正民法591条3項の適用場面は限定的であることを、政府が借主・貸主に周知徹底すること、とされています。したがって、金銭消費貸借を業として行う者が貸主となる契約を締結する場合には、当事者はこの附帯決議に留意した対応をとることが求められます。

5 準消費貸借

Q11 民法改正を受け、準消費貸借契約について、見直すべき点はあるでしょうか。また、準消費貸借契約について契約書を必ず作成する必要があるでしょうか。

A 見直すべき点は特にありません。書面の作成も不要ですが、契約内容を明確にするために書面は作成すべきでしょう。

　準消費貸借契約に関し、改正民法588条では改正前民法588条の「消費貸借によらないで」という文言が削除されました。これは、消費貸借契約によって生じた目的物の返還債務を旧債務とする準消費貸借契約も認める判例・通説の解釈を明確にするものであり、改正前民法のルールを変更するものではありません。また、準消費貸借契約は契約に基づく目的物の引渡しを予定していないため、諾成的消費貸借契約のように、目的物の引渡し前に軽率な消費貸借契約の締結を防ぐために書面を要するという趣旨が妥当しないことから、契約書の作成は要件とはなっていません。ただし、紛争を避けるため、契約内容を明確にする書面の作成は行うべきでしょう。

6 保証人に関する定めをどうすべきか

(1) 公正証書作成

Q12 民法改正を受け、事業資金のための金銭消費貸借契約で、個人が保証人となる場合に、契約締結に先立ちどのようなことが必要になりましたか。

A 原則として、契約締結の日の前1か月以内に作成された公正証書で保証人になろうとする者が保証債務を履行する意思（保証意思）を表示する必要があります。

　改正民法では、事業のために負担する借入れ（事業性借入れ）を対象とする個人保証の場合、保証契約締結前に公正証書で保証意思を確認しなければ契約が無効となります（改正民465条の6第1項）。これには例外もありますが、詳しくは第8章Q3、Q4を参照してください。なお、事業性借入れについては、主債務者が保証人に一定の情報提供を行わなければならないというルールもあります。この点についてはQ15を参照してください。

(2) 請求の相手方

Q13 民法改正を受け、金銭消費貸借契約の連帯保証人に対する請求について、貸主として消費貸借契約書で明記すべきことは何でしょうか。

A 連帯保証人に対する履行請求によって主債務の時効について完成猶予や更新の効果を生じさせるため、連帯保証人に対する履行請求が主債務たる貸金債務にも及ぶ旨の特約を金銭消費貸借契約書に設けるべきです。

改正民法では連帯保証人に対する履行請求の効力は、特約がない限り、原則として債務者や他の連帯保証人に及ばないとされたため（改正民458条、441条）、このような特約が必要となります。詳しくは、第8章Q10を参照してください。

(3) 極度額の定め

> **Q14** 金銭消費貸借契約で個人に根保証を求める場合、民法改正を受け、契約書上見直すべき点はありますか。

A 見直しは不要です。

改正民法では極度額の定めを必要とする規制が個人による根保証一般に拡大されました（改正民465条の2）。もっとも改正前民法においても、貸金等債務（主たる債務の範囲に金銭の貸渡しまたは手形の割引を受けることによって負担する債務）に該当する消費貸借契約の個人による根保証については極度額の定めが必要とされていたため（改正前民465条の2）、特段の見直しは不要です。

(4) 情報提供義務

Q15 事業資金のための金銭消費貸借契約で、個人が連帯保証人となる場合に、民法改正を受け、貸主（債権者）が借主（主債務者）および保証人に確認すべき点は何ですか。

A 貸主（債権者）は、保証契約締結時に、借主（主債務者）が保証人に対して、自らの財産および収支の状況、主債務以外の債務の有無や額、主債務についての他の担保などの情報を提供していることを、借主（主債務者）および保証人に確認すべきです。

　事業のために負担する債務の保証・根保証を主債務者が個人に委託する場合、主債務者は保証人に対して、上記情報を提供する義務があります（改正民 465 条の 10 第 1 項）。主債務者がこの義務に違反すると、保証契約が取り消される場合があるため（同条 2 項）、債権者としても主債務者と保証人に情報提供義務が履行されていることを確認することが必要となります。より詳しくは、第 8 章 Q7 を参照してください。

　また、事業資金の貸付けについて個人が保証する場合、保証人になろうとする者が保証債務を履行する意思（保証意思）を公正証書で表示していることを確認する必要があります（Q12 参照）。

Q16 民法改正を受け、金銭消費貸借契約において、借主（主債務者）から委託を受けた保証人から貸主（債権者）に対して主債務の履行状況についての情報提供の請求があった場合、貸主（債権者）はどのように対応すべきですか。

A 貸主（債権者）は、遅滞なく、主債務の元本および利息、違約金、損害賠償などについての不履行の有無、残額や、それらのうち弁済期が到来しているものの額に関する情報を提供しなければなりません。

　このような情報提供義務は、改正民法で新たに設けられたルール（改正民 458 条の 2）です。主たる債務者の委託を受けた保証であれば、保証人が個人か法人かを問わず適用されます。詳しくは、第 8 章 Q8 を参照して

ください。

> **Q17** 民法改正を受け、金銭消費貸借契約書の期限の利益喪失の規定について見直すべき事項はあるでしょうか。

●従前の条項例

> 　主債務者または連帯保証人に次に掲げる事項の一つにでも該当する事由が生じたときは、何らの通知または催告がなくとも当然に、主債務者および連帯保証人は一切の債務について期限の利益を喪失するものとし、直ちにその債務を弁済する。
> ① 主債務者および連帯保証人が本契約に基づく債務の一つについてでも、その履行を遅滞し、または違約したとき
> ② 支払いの停止または破産手続、民事再生手続、会社更生手続もしくは特別清算手続の各開始申立てがあったとき
> ③ 手形交換所の取引停止処分を受けたとき
> ④ 仮差押え、仮処分、強制執行もしくは任意競売の申立てまたは滞納処分があったとき

A　個人保証の場合、改正民法で新たに設けられた、主債務者が期限の利益を喪失した場合の債権者の情報提供義務をふまえた規定を設けるのがよいでしょう。

　改正民法では、個人保証の場合、債権者は、主債務の期限の利益の喪失を知った日から2か月以内にその旨を保証人に通知する義務があり（改正民458条の3第1項・3項）、その通知を怠ると、期限の利益を喪失した時点から通知するまでの間に生ずる遅延損害金に関する保証債務の履行を請求することができなくなります（同条2項）。

　この義務は、貸主（債権者）と保証人のいずれにとっても重要ですので、情報提供義務の存在を契約上明確にしておくことや、通知の際に必要となるため保証人に住所の届出義務を課す規定を設けることが考えられます。詳しくは、第8章Q9を参照してください。

7 その他

> **Q18** 改正民法は施行日前に締結した消費貸借契約にも適用されるのでしょうか。

A 改正民法の施行日前に締結した消費貸借契約には、経過措置により、改正民法ではなく改正前民法が適用されます（改正法附則34条1項）。

第5章　賃貸借

1　賃貸借に関する改正点

Q1　民法改正では賃貸借契約について主にどのような改正がなされたのでしょうか。

A　賃貸借契約に関する主な改正点としては、

① 賃貸借の存続期間の見直し（改正民604条）
② 賃貸人たる地位の移転の明文化（改正民605条の2、605条の3）
③ 賃借人による妨害排除等請求権の明文化（改正民605条の4）
④ 敷金の明文化（改正民622条の2）
⑤ 原状回復義務の明文化（改正民621条）
⑥ 賃借人の修繕権の明文化（改正民607条の2）
⑦ 賃借物の一部滅失等による賃料の当然減額（改正民611条）
⑧ 転貸借の効果の明確化（改正民613条）
⑨ 賃借物の全部滅失等による契約の終了（改正民616条の2）
⑩ 損害賠償請求権の時効の完成猶予（改正民622条、600条2項）

があげられます。

Q2　改正民法施行に伴い、現行の賃貸借契約書はどのように見直すべきでしょうか。

A　改正内容は、これまでの判例、通説を明文化するものが多く、契約内容を見直さなければならない点は多くはありません。ただし、敷金（Q4）、修繕（Q6）、賃借物の一部滅失等による賃料の減額（Q7）、原状回復義務（Q18、Q19）などに関する規定については、改正民法の規定を

ふまえて見直しを検討するのがよいでしょう。

　また、賃貸借契約書で一般的に設定されることが多い連帯保証人については、保証制度に関して重要な改正がなされているため、注意が必要です。具体的にはQ8～Q12および第8章を参照してください。

> **Q3**　民法改正を受け、賃貸借契約書の期間の定めを見直す必要はありますか。

●従前の条項例

> 本物件の賃貸借期間は、○○年1月1日から○○年12月31日までの20年間とする。

A　見直す必要がある場合があります。

　改正民法では契約期間の上限が従来の20年から50年に変更されました（改正民604条）。

　その結果、重機やプラントのリース契約、ゴルフ場の敷地の賃貸借契約、太陽光発電パネル設置のための敷地の賃貸借契約などについて、長期間の契約締結が可能となっています。

　上記のような契約については、20年を超えた長期契約のニーズがあるものの、従前は、借地借家法の適用がないため、改正前民法に基づき20年以内の契約期間を定めていましたが、今後締結される契約については、期間の見直しを検討するのがよいでしょう。

2 敷金に関する定めをどうすべきか

> **Q4** 民法改正を受け、現行の賃貸借契約書のうち、敷金に関する条項について見直すべきでしょうか。

●従前の条項例

---
1 賃借人は、賃貸人に対し、本契約に基づく債務の履行を担保するため、金〇円を敷金（以下「敷金」という）として、〇年〇月〇日までに無利息で預託する。
2 賃貸人は、賃借人が本契約上の義務を全うし本物件を完全に明け渡した場合、明渡し後1か月以内に敷金全額を賃借人に返還する。ただし、賃借人の賃貸人に対する債務が残存する場合、賃貸人は、本敷金額から当該債務額を差し引いて返還することができる。
3 賃貸人は、賃借人が賃料等の不払い、その他本契約または付帯契約に基づく債務の履行を遅滞した場合、事前に書面により通知したうえで、敷金の全部または一部をもって充当することができる。
4 前項の場合、賃借人は、直ちに敷金の不足額を補填しなければならない。
5 賃借人は、敷金をもって賃料その他の債務との相殺をすることおよび賃貸人に相殺、充当するよう請求することはできない。
6 賃借人は、敷金返還請求権を第三者に譲渡または担保に供する等、一切の処分をしてはならない。

A 従前の条項例による場合は、基本的に見直しの必要はありません。
これに対し、現行の賃貸借契約書に敷金の返還時期に関する特約が規定されていなければ、賃貸人としては、そのような特約を設けるべきか検討すべきでしょう。

改正民法では、敷金に関するルールとして、敷金の定義や敷金の返還時期に関する規定が新たに設けられました（改正民622条の2第1項）。これらは、判例法理を明文化したものです。もっとも、改正民法622条の2第1項1号では、敷金の返還時期として、賃貸借が終了し、賃貸物の返還を受けたときとしていますが、賃貸物の返還時点では原状回復費用が未確定なため、現在の実務においては、「明渡しから〇か月以内」という特約を設けるのが一般的です。そこで、改正民法のもとでも、返還義務を負

う賃貸人としては、賃貸借契約書にそのような特約を規定すべきでしょう。

　なお、賃貸人は、賃借人が賃料の不払いなど金銭給付を目的とする債務を履行しないとき、賃貸借契約の期間中であっても、敷金を充当することができる旨規定されました（改正民622条の2第2項）。これも賃貸人の意思表示によって敷金の充当を認める判例法理を明文化したものですので、特段の見直しは不要です。

> **Q5** 賃貸借契約書において、賃借人が適法に賃借権を譲り渡した際の敷金の取扱いに関する規定について留意すべき点はありますか。

A 賃借権が適法に譲渡された場合について、旧賃借人に対する敷金返還債務の扱いを契約書に明記しておくべきです。

　改正民法では、賃借権が適法に譲渡された場合、賃貸人は旧賃借人に対して敷金を返還する義務を負う旨が規定され（改正民622条の2第1項2号）、敷金返還債権は当然には新賃借人には譲渡されないことになりました。これは、判例（最判昭和53・12・22民集32巻9号1768頁）を明文化したものです。

　これと異なる特約を合意することも可能ですが、同号の規定に従う場合であっても、トラブルの発生を防ぐため、その旨を明文で規定すべきでしょう。以下に規定例を示します。

●想定条項

> 　賃借人が第三者に賃借権を適法に譲渡した場合、賃貸人は、賃借人に対し、賃借人が第三者に賃借権を譲渡したときに敷金を返還しなければならない。ただし、賃貸人は、賃貸借に基づいて生じた賃借人の賃貸人に対する債務を敷金から控除することができる。

3 修繕・賃料減額に関する定めをどうすべきか

> **Q6** 民法改正を受け、賃借物の修繕に関する規定について、現行の賃貸借契約書を見直すべき点はありますか。

●従前の条項例

> 本物件が破損、滅失またはそのおそれがあるときは、賃借人は、直ちに賃貸人に報告し、その後の修繕に協力しなければならない。

A 賃貸人としては、知らぬ間に賃借人が修繕をすることによるトラブルを避けるため、契約書に賃借人の賃貸人への通知義務について具体的な規定を設けるとよいでしょう。

改正民法では、①賃借人が賃貸人に修繕が必要である旨を通知し、または賃貸人がその旨を知ったにもかかわらず、賃貸人が相当の期間内に必要な修繕をしないとき、または、②急迫の事情があるときには、賃借人が自ら修繕できる旨の規定が新設されました（改正民607条の2）。

そのため、改正民法607条の2を根拠として、賃借人が賃貸人の知らぬ間に賃貸人が望まない修繕を行い、賃貸人が賃借人からの必要費償還請求（改正民608条1項）を受けてトラブルになる可能性があります。そこで、賃貸人としては、こうしたトラブルを避けるため、契約書上、修繕箇所、内容などを具体的に明らかにする通知義務を賃借人に課すことが考えられます。以下に規定例を示します。

3 修繕・賃料減額に関する定めをどうすべきか Q7

●想定条項

> 1 本物件の使用により修繕が必要となった場合、賃借人は賃貸人に対し、修繕が必要となった旨を遅滞なく書面にて通知しなければならない。この通知には、修繕が必要となる具体的場所、想定される修繕内容および見込まれる費用を記載しなければならない。
> 2 賃借人は、前項の通知後、賃貸人の書面による承諾を得たとき、修繕の必要が認められるにもかかわらず、賃貸人が正当な理由なく修繕を実施しないときまたは急迫の事情があるときは、本物件の必要な修繕を行うことができる。
> 3 修繕にかかる費用については、当該修繕が必要となった原因が賃借人の責めに帰すべき事由による場合は、賃借人の負担とし、その他の場合は、賃貸人の負担とする。

Q7 民法改正を受け、賃借物の一部滅失等による賃料減額について、現行の賃貸借契約書を見直すべきでしょうか。

A 賃貸人としては、賃借人による賃料減額の請求を要件としつつ、賃借物の一部滅失等の発生時期および具体的内容などを通知させる規定を設けることを検討すべきでしょう。

 賃借物が借主の過失によらず、一部使用および収益ができなくなった場合、改正前民法では賃料減額の要件として賃借人の請求が必要でしたが、改正民法では、賃借人の請求を待たず、使用および収益できなくなった割合に応じて賃料が当然に減額されることになります（改正民611条1項）。また、賃借物の一部滅失等に限らず、その一部を使用または収益できない場面を広く対象とすることが明文化されいます。

 この点、賃料減額の起算日については、改正前民法のもとでも、賃料減額の請求権が行使されると、請求の時点ではなく、賃借物の一部滅失等の時点に遡って賃料が減額すると解されているため、改正前後で大きな違いはないとされています（一問一答322頁）。しかし、賃料を減額する起算日を明確にし、減額する賃料を客観的に算定できるよう、賃貸人としては、賃借人による賃料減額の請求を要件としつつ、その請求に際して、賃借人に賃借物の一部滅失等の発生時期および具体的内容を明確にさせる義

務を課す規定を設けることを検討すべきです。以下に規定例を示します。
●想定条項

> 賃借人の責めに帰することができない事由により本物件の一部が滅失その他の事由により使用できなくなった場合、賃借人は、賃貸人に対する書面通知により、滅失した部分の割合に応じて、賃料の減額を請求することができる。ただし、賃借人は、この書面通知に、一部の使用または収益ができなくなった日、具体的内容および原因、修繕が可能な場合にはその旨ならびに修繕が必要となる具体的場所、想定される修繕内容および見込まれる費用を記載しなければならない。

4 保証人に関する定めをどうすべきか

(1) 保証債務の付従性

Q8 契約締結後に主たる債務者の債務が加重された場合にも、保証人の負担は加重されない規定（改正民448条2項）の新設により、現行の賃貸借契約書の見直しなどの対応は必要でしょうか。

A 賃貸借契約について保証人がいる場合には、契約締結後の賃料増額にも保証人の責任が及ぶことを明示しておくべきです。

改正民法では、保証契約について、主債務が加重された場合でも、保証人の負担は加重されないという規定（改正民448条2項）が新設されました。これは、従来の解釈を明文化したものです。

この規定の新設によって、賃貸借契約締結後に賃料の増額が想定される賃貸借契約の場合、増額分の賃料について、保証人の責任が及ばなくなる可能性があります。

そこで、賃貸人としては、賃貸借契約の保証条項においては、

> 連帯保証人の債務は、賃貸借契約締結後に賃料増額があった場合の増額後の賃料にも及ぶものとする。

という規定を設けておくのがよいでしょう。なお、個人が連帯保証人となる場合には極度額の定めが必要であることにも注意が必要です（Q9参照）。

(2) 極度額の定め

> **Q9** 賃貸借契約の連帯保証人を個人とする場合、現行の連帯保証条項についてはどのような見直しが必要でしょうか。

●従前の条項例

> 連帯保証人は、賃借人と連帯して、本賃貸借契約に関連する賃借人のすべての債務を保証する。

A 賃貸借契約書において、個人が賃借人の連帯保証人となる場合には、極度額を定める必要があります。

　改正民法では、個人による根保証（一定の範囲に属する不特定の債務を主たる債務とする保証）については極度額を定める必要があり、定めない根保証契約は無効となります（改正民465条の2第1項・2項）。そのため、賃貸借契約の個人保証でも、極度額の定めが必要となり、その点での見直しが必要です。極度額としては、具体的な金額表示や賃料〇か月分などが考えられます。ただし、賃料〇か月分と表示する場合、極度額は保証契約締結の時点で確定的な金額でなければならないため、あわせて月額賃料の具体的金額も契約書に記載する必要があります。特に、賃料に変動があった場合に極度額が変動後の賃料〇か月分を意味すると解される結果、保証契約が無効となるのを避けるため、「保証契約締結時点の賃料〇か月分」としておくべきです。

　また、連帯保証人としては、賃借人に一定の事項が生じた場合に、自らの責任の範囲を確定するため、賃借人の債務の元本確定事由を契約書に記載すべきでしょう（元本確定事由については第8章Q6参照）。

(3) 連帯保証人に対する請求の効果

Q10 民法改正を受け、賃貸借契約を締結する場合、賃貸人の連帯保証人に対する請求について、明記すべきことはありますか。

A 賃貸人の連帯保証人に対する履行請求の効果が主たる債務者である賃借人の債務にも及ぶことを賃貸借契約書に明記すべきです。

改正前民法では、債権者の連帯保証人に対する請求は主債務にもその効力が及びましたが、改正民法では、相対的効力を有することとなり（改正民458条、441条本文）、たとえば、連帯保証人に対し履行請求しても、主債務の時効を中断することはできません。ただし、連帯保証人に対する履行請求が主債務に及ぶことを、債権者である賃貸人と主債務者間で合意することは可能です（改正民441条ただし書）。

したがって、賃貸人としては、連帯保証人に対する請求の効果が主債務者である賃借人および他の連帯保証人にも及ぶことを、賃借人および他の連帯保証人とあらかじめ合意しておくことが考えられます（第8章Q10参照）。以下に規定例を示します。

●想定条項

> 賃貸人の連帯保証人に対する履行の請求の効力は、賃借人および他の連帯保証人にも及ぶものとする。

(4) 情報提供義務

Q11 民法改正を受け、事業用賃貸借契約において個人の連帯保証を求める場合、事前に賃貸人が注意する点、また契約書に盛り込むべき事項はありますか。

A 主債務者たる賃借人には、保証契約締結時に保証人（個人）に対する一定の情報提供義務があるため、賃貸人としては、賃貸借契約などにおいて賃借人が当該情報提供義務を履行したことを確認する旨の規定を設けるべきです。

　改正民法では、主たる債務者は、事業のために負担する債務について個人保証を委託する場合、個人の保証人に対し、①主たる債務者の財産および収支の状況、②主債務以外に負担している債務の有無ならびにその額および履行状況、③主債務の担保として他に提供し、または提供しようとするものがあるときは、その旨およびその内容に関する情報を提供しなければなりません（改正民465条の10第1項・3項）。これを怠ると、一定の場合、保証人は保証契約を取り消すことができます（同条2項）。

　したがって、事業用賃貸借契約の賃貸人としては、この取消しのリスクを避けるため、賃借人から保証人に上記の情報提供がなされた証拠を残すことが重要です。具体的には、賃貸借契約において、賃貸人、賃借人および連帯保証人間で、賃借人の上記①〜③の情報が正確であることを賃借人に保証させ、保証人には当該情報提供を受けたことを確認させる規定を置くべきでしょう（第8章Q7参照）。

Q12 主債務の履行状況に関する情報提供義務の新設（改正民458条の2）に伴い、連帯保証人を置く場合の現行の賃貸借契約書について見直すべき点はありますか。

A 改正民法で新設された情報提供義務（改正民458条の2）は、賃貸人による賃借人の個人情報の提供を定めるものなので、念のため、改正民法の規定に沿った条項とともに、賃貸人が保証人に対し情報提供を

することを賃借人が承諾する旨の条項を設けるのがよいでしょう。

　賃貸人が情報提供義務を履行すると賃借人の個人情報を保証人に伝えることになります。これは個人情報保護法16条3項1号に定める「法令に基づく場合」に該当し、違法な個人情報提供にはならないと思われます。しかし、かかる情報開示に関するトラブルを避けるため、賃貸借契約書において、賃貸人、賃借人、保証人間で改正民法458条の2に沿った情報提供義務に関する規定を設けるとともに、賃貸人が保証人に対してかかる情報提供を行うことを賃借人があらかじめ包括的に承諾する旨の規定を置くとよいでしょう（第8章Q8参照）。

5　転貸借に関する定めをどうすべきか

> **Q13**　民法改正を受け、現行の賃貸借契約書の転貸借を認める規定について、見直す必要はありますか。

●従前の条項例

> 甲（賃貸人）は、第○条に記載する転貸の条件に従い、乙（賃借人）が本物件を第三者に転貸することを承諾する。

A　見直す必要はありません。

改正民法では、転借人が賃料の前払いをもって賃貸人に対抗することができないこと（改正民613条1項後段）や、賃貸人が転借人に対して権利行使をすることが妨げられないこと（同条2項）は、改正前民法の内容が維持されています。

他方で、転借人は、賃貸人と賃借人（転貸人）との間の賃貸借に基づく賃借人の債務の範囲を限度として、賃貸人に対して転貸借に基づく債務を直接履行する義務を負う（改正民613条1項前段）旨規定され、転貸借の効果が明確化されるに至りました。また、賃貸人が賃借人との合意解除の時点において債務不履行解除の要件を満たしていたときを除いて、賃貸人はその合意解除の効力を転借人に主張することができない（同条3項）との規定が新設されましたが、これらは従来の解釈や判例法理を明文化するものですので、いずれの規定も従前の扱いと変わりません。

> **Q14**　民法改正を受け、賃貸借契約が解除により終了した場合の転貸借契約の取扱いに関して、現行の賃貸借契約書を見直す必要はありますか。

A　特に見直す必要はありません。

賃貸借契約が債務不履行によって解除された場合、賃貸人は解除の効力を転借人に対抗することができます。一方、賃貸借契約が合意解除さ

れた場合、判例では、賃貸人は転借人に対抗できないが、合意解除の当時、賃借人の債務不履行による解除が可能であった場合は対抗できるとされており（最判昭和62・3・24判時1258号61頁）、改正民法では合意解除の場合の判例法理が明文化されました（改正民613条3項）。

　この改正民法613条3項は、直接契約関係にない賃貸人と転借人との間の対抗関係に関するものであるため、特に賃貸借契約を見直す必要はありません。

　なお、サブリースを前提とした賃貸借契約では、サブリース事業の信頼性を確保し、転借人の居住の安定を図るため、いかなる終了原因であれ賃貸人が転貸借契約の転貸人の地位を承継する旨の規定を設ける場合があります。改正民法施行日以後もこのような特約は有効ですので、特段変更する必要はありません。

6 終了(期間満了・解除)に関する定めをどうすべきか

Q15 民法改正を受け、従来の信頼関係破壊の法理との関係で、現行の賃貸借契約書の債務不履行による解除条項を見直す必要がありますか。

●従前の条項例

> 乙(賃借人)が次のいずれかの事由に該当したときは、甲(賃貸人)は催告なしに直ちに本契約を解除することができる。
> ① 第○条の賃料の支払いを3か月以上怠ったとき
> ② 本契約に定める条項に違反し、相手方に対し、催告したにもかかわらず14日以内に当該違反が是正されないとき
> 　　　　　　　　　(以下略)

A 特に見直す必要はありません。

　賃貸借契約は一定期間存続することが期待されている契約であり、信頼関係が破壊されない限り解除できないというのが従来の判例法理(信頼関係破壊の法理。たとえば、最判昭和41・4・21民集20巻4号720頁など)です。この信頼関係破壊の法理は、改正民法において明文化されませんでしたが、改正民法施行日以後においても引き続き適用されるものと解されます。したがって、同法理に従う賃貸借契約の債務不履行による解除条項を見直す必要はありません。

Q16 賃借物の一部滅失等における賃借人の解除権(改正民611条2項)に関する改正に伴い、現行の賃貸借契約書の解除事由を見直すべきでしょうか。

A 賃借人としては、賃貸借契約書に改正民法611条2項と同趣旨の解除規定を設定しておくとよいでしょう。

　改正民法では、賃借人は、賃借物の一部滅失等の場合において残存部分のみでは賃借をした目的を達することができない場合、賃借人の過失の有

無を問わず解除できることになりました（改正民611条1項・2項）。そこで、賃借人としては、この点を明確にするために、賃貸借契約に当該解除事由を盛り込むとよいでしょう。以下に規定例を示します。

●想定条項

> 賃借人は、賃借物の一部が滅失その他の事由により使用および収益ができなくなった場合において、残存する部分のみでは賃借人が賃借をした目的を達することができないときは、賃貸借契約を解除することができる。

Q17 民法改正を受け、賃貸借契約の終了事由としてつけ加える事由はありますか。

●従前の条項例

> 天災地変その他不可抗力により本物件の全部または大部分を使用することが不可能になった場合（補修に多額の費用を要するほどの経済的滅失を含む）は、本契約は直ちに終了する。

A 賃借物の全部が滅失その他の事由により、使用および収益をすることができなくなった場合、賃貸借契約が当然に終了する旨の規定を契約書に盛り込むとよいでしょう。

改正民法では、賃借物の全部が滅失その他の事由により使用および収益をすることができなくなった場合には、当事者の帰責事由の有無を問わず、賃貸借契約は終了すると規定されました（改正民616条の2）。これは、判例法理（最判昭和32・12・3民集11巻13号2018頁など）を明文化したものです。そこで、現行の賃貸借契約に同趣旨の規定がない場合、使用収益ができない理由や当事者の帰責事由の有無を問わずに契約が終了することを確認的に終了事由として盛り込むのがよいでしょう。以下に従前の条項例をふまえた規定例を示します。

●想定条項

> 本物件の全部または大部分が滅失その他の事由により使用および収益をすることができなくなった場合には、賃貸人または賃借人の帰責事由の有無にかかわらず、本賃貸借契約は終了する。

7　原状回復に関する定めをどうすべきか

> **Q18**　民法改正を受け、現行の賃貸借契約書の原状回復義務の規定は見直すべきでしょうか。

●従前の条項例

> 賃借人は、賃貸人に本物件を返還する際、賃借物を受け取った後にこれに生じた損傷がある場合、当該損傷を原状に復する義務を負う。

A　原状回復の範囲を明確にする見直しを検討するのがよいでしょう。

改正民法は、賃借人は通常損耗および経年変化について原状回復義務を負わないという判例法理（最判平成17・12・16判時1921号61頁）を明確にするとともに、通常損耗および経年変化以外の賃借人の責めに帰すことができない損耗についても、賃借人は原状回復義務を負わないという一般的な理解を明文化しました（改正民621条）。

ただし、改正民法621条は任意規定ですので、当事者間で異なる特約をすることも可能です（次のQ19を参照）。したがって、賃貸人、賃借人それぞれの立場から、改正民法の規定に沿った内容とするか、異なる特約を定めるかを改めて検討するのがよいでしょう。国土交通省住宅局「原状回復をめぐるトラブルとガイドライン〔再改訂版〕」（2011年8月）に基づくひな型は、上記判例に基づいた規定となっており、現行の契約書の規定を見直すうえで参考になります。

賃借人としては、賃貸人から原状回復義務を過大に要求されるリスクを減らすために、以下のように改正民法621条に沿った規定を設けることを賃貸人に求めるべきでしょう。

●想定条項

> 賃借人は、賃貸人に本物件を返還する際、本物件を受け取った後にこれに生じた損傷（通常の使用および収益によって生じた本物件の損耗ならびに本物件の経年劣化を除く）がある場合、当該損傷を原状に復する義務を負う。ただし、その損傷が賃借人の責めに帰することができない事由によるものであるときは、この限りでない。

Q19 民法改正を受け、賃貸借契約書で通常損耗や経年変化も原状回復義務の対象とする特約を定めることはできますか。できる場合、注意点を教えてください。

●従前の条項例

> 賃借人は、賃貸人に本物件を返還する際、本物件を受け取った後にこれに生じた損傷がある場合、当該損傷を原状に復する義務を負う。

A 通常損耗や経年変化も原状回復義務の対象とする特約を定めることは可能です。ただし、原状回復義務の範囲、内容について合意内容が明確になるような規定にする必要があります。

改正民法は、賃借人は通常損耗および経年変化について原状回復義務を負わないことを明記しましたが（改正民621条）、この規定は任意規定と解されますので、通常損耗や経年変化を特約で賃借人に負担させることができます。

しかし、この特約が有効とされるためには、賃借人が補修費用を負担することになる通常損耗の範囲が賃貸借契約書に具体的に明記されているか、仮に賃貸借契約書で明らかでない場合には、賃貸人が口頭により説明し、賃借人がその旨を明確に認識し、それを合意の内容としたものと認められるなど、その旨の特約（通常損耗補修特約）が明確に合意されていることが必要であると解されています。

それでも、居住用建物の賃貸借契約では、当該特約が消費者契約法10条により無効となるリスクもあります。

改正民法のもとでは、上記のとおり、原則として、賃借人は通常損耗および経年劣化について原状回復義務を負わないとされているのですから、

契約書でこれと異なる特約を規定するのであれば、国土交通省住宅局「原状回復をめぐるトラブルとガイドライン〔再改訂版〕」（2011年8月）が掲げる3要件（①特約の必要性があり、かつ、暴利的でないなどの客観的、合理的理由が存在すること、②借主が特約によって通常の原状回復義務を超えた修繕などの義務を負うことについて認識していること、③借主が特約による義務負担の意思表示をしていること）をふまえた具体的規定が必要と考えるべきでしょう。たとえば、目安となる修繕金額を含めた賃貸人と賃借人の修繕の分担表の作成を前提とした規定を設けるとよいでしょう。以下に規定例を示します。

●想定条項

> 賃貸人および賃借人は、本物件の明渡し時に、契約時に原状回復について定めた別表に基づき、賃借人が行う原状回復の内容および方法について協議するものとする。

※なお、別表については国土交通省のホームページでダウンロードできる「賃貸住宅標準契約書・平成30年3月版・連帯保証人型」の別表第5が参考になります。

8 その他

> **Q20** 民法改正を受け、賃借人の妨害排除等請求権について賃貸借契約書で定める必要はありますか。

A 特に規定を設ける必要はありません。

所有権などの物権を有する者は、物権の行使に対する妨害を排除する権利が認められていますが、改正民法では、債権である賃借権を有する賃借人も、対抗要件を備えた場合には、物権を有する場合と同様に、占有を侵害する第三者に対して、妨害排除請求権や返還請求権を行使できることが明文で定められました（改正民605条の4）。これは、賃借人と契約外の第三者との関係を規定するものですので、契約当事者間で特段定める必要はありません。

> **Q21** 民法改正に伴い、賃貸借契約書における譲渡禁止特約は見直すべきですか。

●従前の条項例

> 甲および乙は、本契約上の地位あるいは本契約に基づき取得した権利を、第三者に譲渡し、担保に供してはならない。ただし、相手方の事前の書面による承諾がある場合はこの限りでない。

A 規定の見直しは特に必要ありません。

改正民法では譲渡禁止特約に反する債権譲渡も有効と扱われますが（改正民466条2項）、債務者は譲渡禁止特約について悪意・重過失の譲受人その他の第三者に対して履行を拒絶し、かつ、弁済その他の事由を対抗することができます（同条3項）。

そのため、このように、譲渡禁止特約により弁済の相手方を固定し、契約と無関係の第三者との取引を回避したいという契約当事者の利益は改正民法の下でも保護されることになるので、見直しは不要です。

Q22 賃貸不動産を取得した場合、不動産の譲受人は当該不動産に関する賃料債権を取得できないことがありますか。

A 賃貸不動産を取得しても、当該不動産に関する将来の賃料債権が譲渡されていた場合には、その賃料を取得できない可能性があります。そのため、不動産譲受人としては、賃料債権の譲渡がなされていないか確認し、適切な表明保証を求めるなどして、紛争のリスクを回避すべきです。

改正民法では将来債権譲渡の有効性が明記されましたが（改正民466条の6）、一方で、不動産の将来の賃料債権が譲渡された後に不動産が譲渡され賃貸人の地位が移転した場合などにおける将来の賃料債権の帰属については、改正民法のもとでも引き続き解釈に委ねられることになりました。

そこで、不動産の譲受人としては、将来賃料債権を期待して不動産を取得したが当該債権はすでに譲渡されていたというリスクに備え、対象不動産の賃料債権が譲渡されているか否かを不動産譲渡人や賃借人に確認するほか、不動産売買契約書において、以下のような条項を定め、譲渡人に、将来賃料債権の譲渡がなされていない旨の表明保証を行わせるなどの対応を行うのが適切です。

●想定条項

> 売主は、買主に対し、本契約締結日および決済日において、以下に定める事項が正確かつ真実であることを表明し、保証する。
> ① 本物件にかかる賃貸借契約に基づく賃料債権は他に一切譲渡または処分されていないこと
>
> （以下略）

Q23 民法改正を受け、不動産の売買に伴い、賃貸借の賃貸人たる地位を移転するにあたって、取決めや手続について見直すべき点はありますか。

●従前の条項例

> 1　売主および買主は、売主と〇〇との間に本物件に係る〇〇年〇月〇日付賃貸借契約が締結されていることを確認し、買主は本物件の所有権移転と同時に同賃貸借契約の賃貸人たる地位を承継する。
> 2　売主は、買主に対し、賃貸人たる地位の移転に伴い、賃借人に対する敷金〇〇万円を支払い、買主は敷金返還義務を承継する。

A 旧所有者のもとで延滞賃料などが発生している場合、敷金を充当するか否かを合意しておくべきです。

改正民法において、賃貸人たる地位の移転に関するこれまでの判例法理が明文化されました。不動産の譲渡人が賃貸人であるときは、賃借権の対抗要件を具備している場合は譲渡により当然に（改正民605条の2第1項）、対抗要件を具備していない場合であっても譲渡人と譲受人が合意すれば（改正民605条の3）、賃借人の承諾を要しないで賃貸人たる地位を移転できることや、賃貸人たる地位の移転を賃借人に主張するには所有権移転登記が必要となること（改正民605条の2第3項）などは従前と同様の扱いが明記されました。

しかし、譲渡人のもとで発生した延滞賃料などと敷金の充当関係は、改正民法のもとでも規定されず、当事者間で明確な合意がない場合、解釈に委ねることとなりました。そこで、念のため、旧所有者、新所有者および賃借人間で敷金の充当の有無・方法について合意をしておくべきです。以下では延滞賃料などに敷金を充当しない場合の規定例を示します。

●想定条項

> 1　売主は、買主に対し、賃貸人たる地位の移転に伴い、賃借人から預託された敷金〇〇万円を支払い、買主は敷金返還義務を承継する。
> 2　売主、買主および賃借人は、本物件の引渡日までに発生した賃料その他賃貸借に基づく債務の未払いがある場合、当該延滞賃料等に敷金を充当しないことに合意する。

Q24 改正民法のもとで、賃貸不動産譲渡後も賃貸人の地位を不動産譲渡人に留保する場合、当該留保の合意に関する規定について気をつけるべき点は何でしょうか。

A 賃貸人たる地位を譲渡人に留保する旨の合意に加えて、その不動産を譲受人が譲渡人に賃貸する旨の合意を明確に規定する必要があります。

改正民法は、賃貸不動産の譲渡に伴う賃貸人たる地位の移転について明文化する（改正民605条の2第1項）一方で、賃貸人たる地位を譲渡人に留保する場合の合意の内容についても規定を設けました（同条2項）。これは、賃貸人たる地位を留保しつつ、賃貸不動産の信託譲渡で新所有者が修繕義務や費用償還義務などの賃貸人としての義務を負わないスキームや、新所有者が旧所有者の不動産管理ノウハウに期待する場合などにおいて、社会的にニーズがあると考えられるからです。

賃貸人たる地位の留保の要件は、①その地位を譲渡人に留保する旨、および、②その不動産を譲受人が譲渡人に賃貸する旨の合意です。そのため、以下の規定例のように、この2つの合意を不動産譲渡契約書などに明確に定める必要があります。

●想定条項

> 本物件にかかる○○年○月○日付賃貸借契約の賃貸人たる地位は売主に留保するものとし、買主は、売主に対し、本物件を第○条に定める条件で賃貸する。

なお、上記②の賃貸借が終了すれば、賃貸人たる地位は、譲受人に移転します（改正民605条の2第2項後段）。

Q25
民法改正を受け、賃貸人の賃借人に対する損害賠償請求について、賃貸借契約書で見直すべき点はありますか。

●従前の条項例

> 甲および乙は、本契約の各条項に違反し、相手方に損害を与えた場合には、相手方の被った損害を賠償しなければならない。

A 賃借人の用法違反によって生じた賃貸人の損害賠償請求権の消滅時効の完成に関する改正がなされましたが、契約書の見直しは特に必要ありません。

改正民法では、賃借人の用法違反によって生じた賃貸人の損害賠償請求権については、用法違反時から起算される消滅時効（権利を行使できることを知った時から5年または権利を行使することができる時から10年〔改正民166条1項1号・2号〕）に服しますが、賃貸借契約継続中は、使用状況などを把握できないことが多いことから、その間に損害賠償請求権について消滅時効が完成してしまわないよう、賃借物の返還から1年間は時効の完成が猶予されることとなりました（改正民622条、600条2項）。この点、特に異なる扱いを合意するのでなければ賃貸借契約書の見直しは不要でしょう。

Q26
改正民法施行日前に締結した賃貸借契約には改正民法が適用されるのでしょうか。

A 改正民法施行日前に締結した賃貸借契約には改正前民法が引き続き適用されますが、合意による契約更新後は改正民法が適用されると考えられます。なお、この更新に伴う存続期間、賃借人による妨害排除請求については改正民法の該当規定が適用されます。

経過措置として、改正民法施行日前に締結した賃貸借契約には改正前民法が適用されます（改正法附則34条1項）。

この点、改正民法施行日前に締結された賃貸借契約が施行日以後に更新される場合、当事者の合意による更新（自動更新を含みます）については、

更新の合意の時点で改正民法が適用されることへの期待があるため、更新後の契約には改正民法が適用されると考えられます。また、賃貸人が異議を述べずに契約の更新が推定される場合も（民619条1項）、施行日以後に契約更新の黙示の合意があり、改正民法が適用されることへの期待があるといえ、改正民法が適用されると考えられます。

　一方、法定更新（借地借家法26条）の場合は、当事者の意思に基づかない更新であり、改正民法が適用されることへの期待があるとはいいがたく、更新後も改正前民法が適用されると考えられます（以上につき、一問一答383頁、384頁）。

　なお、賃貸借契約の更新後の存続期間の上限を50年と定めた改正民法604条2項は、改正民法施行日前に締結された賃貸借契約であっても、施行日以後になされる更新の合意に適用されます（改正法附則34条2項）。

　また、改正民法施行日前に締結された賃貸借契約の賃借人であっても、施行日以後に賃貸不動産を不法占拠などをする第三者に対して、改正民法605条の4の規定に基づき妨害排除等請求権を行使することができます（改正法附則34条3項）。

Q27 改正民法施行日前に締結された賃貸借契約にかかる保証契約について、改正民法施行日以後に賃貸借契約を更新した場合、保証契約について改正民法の適用を受けるのでしょうか。

A 引き続き改正前民法が適用されますが、賃貸借契約更新時に改めて合意により保証契約を更新する場合、改正民法が適用されると考えられますので注意が必要です。

　改正民法施行日前に締結した賃貸借契約が改正民法施行日以後に更新された場合、合意による更新については、経過措置として、改正民法が適用されると考えられます（Q26参照）。

　そのような場合であっても、賃貸借契約の保証人は賃貸借契約が合意更新された場合を含めてその賃貸借契約から生じる債務を保証していますが、賃貸借契約の更新時に新たな保証契約が締結されるものではないため、保証契約についてはなお改正前民法が適用されると考えられます（一

問一答384頁)。

　ただし、賃貸借契約更新時に保証契約についても合意による更新手続をとるような規定を設けている場合は、改正民法施行日以後に新たな保証契約を締結したとして、改正民法が適用されると考えられます（一問一答384頁)。その場合、個人による連帯保証について更新に際して極度額を定めるなどの対応が必要となります。

第6章 請負・委任・雇用 その他の労務提供契約

1 請負

(1) 請負に関する改正点

> **Q1** 改正民法において、請負契約の規律で見直された部分はどこでしょうか。

A 改正民法では、請負について、①請負人による割合的報酬請求（Q2参照）、②担保責任の内容（Q3〜Q7以下参照）に関して大きな改正がなされました。また、③注文者が破産手続開始決定を受けた場合における請負人による解除（Q8参照）についても改正がなされています。

(2) 報酬に関する定めをどうすべきか

Q2 民法改正を受け、現行の請負契約書のうち、請負人の報酬に関する条項は改める必要があるでしょうか。

A 割合的報酬請求の内容を明確にするよう改めた方がよいでしょう。

●想定条項

> 請負人が仕事の目的物を完成させる前に請負契約が終了した場合には、注文者は、その利益を受ける限度において請負人に対し、報酬を支払う。

改正民法634条は、請負人が完成させた仕事のうち可分な部分の給付により注文者が利益を受ける場合において、「注文者の責めに帰することができない事由によって仕事を完成することができなくなったとき」(同条1号)または「請負が仕事の完成前に解除されたとき」(同条2号)には、請負人の割合的報酬請求が可能であることを定めました。

これは、改正前民法下の判例法理を明文化したものであり、民法の規律に実質的変更はありません。たとえば、

> 注文者は、請負人が仕事をすべて完成し、その引渡しを受けたときは、請負人に対し、報酬○○円を支払う。

といった契約条項しかない場合であっても、改正民法施行日前後ともに割合的報酬を支払う必要があるということです。もっとも、権利義務関係を明確化すべく、今後は想定条項のような契約条項を設けるのが望ましいでしょう。その際、割合的報酬の算定方式を合意しておくと、紛争予防につながると考えられます。

(3) 担保責任に関する定めをどうすべきか（契約不適合責任）

> **Q3** 民法改正では、請負人の担保責任に関してどのような改正がなされたのでしょうか。

A 以下の点で重要な改正がなされています。

① まず、請負人の担保責任について、改正前民法では請負特有の条文（改正前民634条）がありましたが、これが削除され、請負についても売買に関して定められた担保責任の規律が準用されることになりました（改正民562条～564条、民559条）。

② ①の結果、改正前民法の「瑕疵」概念が「契約の内容に適合しない」に変更されました。

③ また、改正前民法では、注文者の請負人に対する瑕疵修補請求について瑕疵が重要でなく修補に過分の費用を要する場合に修補を求めることができないとされていた制限（改正前民634条1項ただし書）がなくなります。

④ これらに加え、解除のための要件（Q6参照）や、請負人の担保責任の存続期間（Q7参照。改正民637条）についても大きな変更があります。

> **Q4** 民法改正を受け、現行の請負契約書のうち、請負人の担保責任の要件に関する条項を改める必要があるでしょうか。

A 改めた方がよいでしょう。

●想定条項

> 注文者は、仕事の目的物が契約の内容に適合しない場合、請負人に対し、担保責任に基づく損害賠償請求および契約解除を求めることができる。

改正民法では、請負人の担保責任に関する改正前民法634条、635条

の規定が削除され、改正民法562条～564条、民法559条に基づき、売買の規定が準用されることになります。

売主の担保責任において、改正前民法下の「瑕疵」概念は「契約の内容に適合しない」へ改正されました（第3章Q5）。このため、請負契約書の条項における「瑕疵」の文言も「契約の内容に適合しない」に改めた方がよいでしょう。

なお、新築住宅の瑕疵担保責任について定める「住宅の品質確保の促進等に関する法律」（品確法）においては「瑕疵」の文言が維持されました。したがって、品確法上の瑕疵担保責任として定められた契約条項（例：瑕疵担保責任の存続期間を引渡しから10年間とするもの）においては「瑕疵」の文言を改めることは必ずしも必要ないでしょう。

Q5 民法改正を受け、現行の請負契約書のうち、請負人の担保責任に基づく修補義務に関する規定を改める必要があるでしょうか。

A 改めた方がよいでしょう。

改正前民法634条1項ただし書は、請負人の担保責任が認められる場合であっても、瑕疵が重要でなく修補に過分の費用を要する場合は、修補を求めることができないと定めていましたので、現行の請負契約書にはそれに従った契約条項が定められている場合もあります。

これに対し、改正民法では、改正前民法634条1項は削除され、追完請求権を定めた改正民法562条においても、改正前民法634条1項ただし書に相当する規律はありません。そのため、この点の規律は債務不履行の一般原則に委ねられ、改正民法412条の2第1項によって「契約その他の債務の発生原因及び取引上の社会通念に照らして不能であるとき」にあたり修補請求が認められないと解されることになると考えられます。

そこで、契約上の権利義務関係の明確化のために、

> 瑕疵が重要でなく修補に過分の費用を要するなど、契約その他の債務の発生原因および取引上の社会通念に照らして不能である場合には、修補を求めることができない。

というように、改正前民法の文言を例示として掲げたうえで、改正民法の文言を規範として定めた方が望ましいと考えられます。

> **Q6** 民法改正を受け、現行の請負契約書のうち、請負人の担保責任に基づく契約解除に関する条項を改める必要があるでしょうか。

A 注文者の立場からは改める必要があると考えられます。

改正前民法は、請負の担保責任に基づく解除は契約目的が達成できない場合に限定されていました（改正前民635条本文）。また、建物その他の土地工作物については、解除自体が否定されていました（同条ただし書）。

これに対し、改正民法では改正前民法635条が削除されたため、今後は一般的な債務不履行に基づく契約解除として規律されることになります。

したがって、請負契約書に、改正前民法に基づき、①担保責任の追及として解除できる場合を契約の目的が達成できない場合に限定する旨の契約条項、および、②建物その他の土地工作物における解除を否定する契約条項が置かれている場合については、注文者の立場であれば、当該部分を削除する必要があります。

> **Q7** 民法改正を受け、現行の請負契約書のうち、請負人の担保責任の存続期間に関する条項を改める必要があるでしょうか。

A 改める必要があります。

●想定条項

> 注文者は、仕事の目的物が契約内容に適合しないことを知ってから1年の間にその旨を書面により通知した場合、請負人に対し担保責任に基づく損害賠償および解除を求めることができる。ただし、請負人が契約内容に適合しないことを知りまたは重大な過失により知りえなかったときは、この限りではない。

改正前民法637条1項は請負人の担保責任の存続期間を原則1年としつつ、改正前民法638条では、建物その他の土地工作物に関する担保責任の存続期間の特則（非堅固：引渡しから5年、堅固：引渡しから10年）が定められていました。今回の改正により改正前民法637条、638条は削除され、目的物の種類にかかわらず、注文者が契約内容の不適合を「知った時から1年以内」にその旨を請負人に通知しなければ、その権利を行使することができないとして、担保責任の期間が一本化されることとなりました（改正民637条1項）。

　そのため、契約条項において改正前民法638条に従った存続期間の定めを置いていた場合には、変更を検討することが望ましいといえます。もっとも、改正民法637条1項は任意規定であり、契約条項においてこれと異なる定めを置くことも可能なため、変更しないことも可能です。

　なお、「住宅の品質確保の促進等に関する法律」の定める担保責任の存続期間は改正されないので、同法に基づく契約条項については変更不要です。

　また、改正民法637条2項は、請負人が契約内容の不適合につき悪意または重過失の場合には、注文者が契約内容の不適合を「知った時から1年以内」にその旨を請負人に通知しなければ、その権利を行使できないとする上記の制限（同条1項）は適用しないこととしました。

　そのため、改正民法にあわせるのであれば、契約条項において、注文者の通知義務を明定し、また、請負人が悪意または重過失である場合において請負人の担保責任の期間制限が不適用になることを新たに追加することが望まれます。

(4) その他

> **Q8** 民法改正を受け、現行の請負契約書のうち、注文者が破産手続開始決定を受けた場合の請負人による契約解除に関する条項を改める必要があるでしょうか。

A 改める必要があります。

●想定条項

> 注文者が破産手続開始決定を受けた場合、請負人は本契約を解除することができる。ただし、請負人が仕事を完成した後は、この限りではない。

改正民法では、注文者が破産手続開始決定を受けた場合における請負人による契約解除について、「仕事を完成した後」には認めないとする条文が新設されました（改正民642条1項ただし書）。なお、破産管財人による解除については改正前民法から変更ありません。

したがって、契約条項において請負人による契約解除事由として注文者の破産手続開始決定を定めている場合には、仕事完成後には当該解除ができないことを追記することが考えられます。

> **Q9** 改正民法の施行により、施行日前に締結された請負契約への影響はあるでしょうか。

A 影響はありません。

請負契約については、施行日前に締結された契約およびそれに付随する特約には、経過措置により、改正民法は適用されません（改正法附則34条1項）。

2　委任

(1) 委任に関する改正点

> **Q10**　民法改正では、委任契約について、どのような改正がなされましたか。

A　改正民法では、委任について、以下の改正がなされています。

① 報酬支払い（割合的報酬請求〔改正民648条3項、648条の2第2項、634条〕、報酬支払時期〔改正民648条の2〕）について改正されています（Q11、Q12参照）。具体的には、委任事務処理の労務に対して報酬を支払う典型的な委任に加え、委任事務の履行により得られる成果に対して報酬を支払う類型が明文化されました。

後者については、請負との類似性にかんがみ、特に報酬支払いの点において請負と同様の規律を定めています。委任事務の履行により得られる成果が引渡しを要するものである場合、報酬の支払いが成果の引渡しと同時履行の関係となります（改正民648条の2第1項）。

② 復受任（改正民644条の2）や（Q13参照）、委任契約の解除権の行使（改正民651条2項）（Q14参照）に関し、これまでの判例法理を明文化した改正がなされました。

(2) 報酬に関する定めをどうすべきか

Q11 委任事務処理の履行に対して報酬を支払う委任契約書について、民法改正を受けて、受任者の報酬に関する条項を改める必要があるでしょうか。

A 改めることが望ましいと考えられます。

●想定条項

受任者は、次の各号に該当する場合には、委任者に対しすでにした履行の割合に応じた報酬を請求することができる。
① 委任者の責めに帰することができない事由によって委任事務の履行をすることができなくなったとき
② 委任が履行の中途で終了したとき

改正前民法648条3項は、委任事務における割合的報酬請求ができる場合として、「受任者の責めに帰することができない事由によって履行の中途で終了したとき」のみを定めていました。

これに対し、改正民法648条3項は「委任者の責めに帰することができない事由によって委任事務の履行をすることができなくなったとき」（1号）および「委任が履行の中途で終了したとき」（2号）の2つを割合的報酬請求が可能な場合として定めました。

なお、委任者の責めに帰すべき事由による事務処理不能の場合には、報酬全額請求が可能であることは改正前と変わりません（改正民536条2項）。

改正民法は、改正前民法下での判例を整理したものであり、受任者に帰責事由があっても割合的報酬請求ができることとなった点を除き、実質的変更はありませんが、契約条項を改正前民法の文言に従って記載している場合は、改正民法の文言に変更することが望ましいと考えられます。その際、割合的報酬の算定方法について具体化する条項を契約書に盛り込むと紛争防止に役立つでしょう。

Q12 委任事務の履行により得られる成果に対して報酬を支払う委任契約書について、民法改正を受けて、受任者の報酬に関する条項を改める必要があるでしょうか。

A 改めた方がよいと考えられます。

●想定条項

> 次の各号のいずれかに該当する場合、受任者が完成させた仕事の成果のうち可分な部分の給付により委任者が利益を受けるときは、その部分の仕事は完成したものとみなす。この場合において、受任者は、委任者が受ける利益の割合に応じて報酬を請求できる。
> ① 委任者の責めに帰することができない事由によって仕事を完成することができなくなったとき
> ② 本契約が仕事の完成前に解除されたとき

　改正民法は、委任事務の履行により得られる成果に対して報酬を支払うことを約する委任契約について、報酬支払いに関する規律を請負と同様に整理しました。具体的には、成果の引渡しを要する場合には、報酬支払時期は成果の引渡しと同時履行となります（改正民648条の2第1項）。

　他方、成果の引渡しを要しない場合には、成果物の完成が先履行である改正前民法648条2項本文の規定が維持されています。

　従来の委任契約書では、報酬支払期日を「平成○年○月○日限り」と定め、同時履行・先履行に特に触れないものが多くあると思われます。触れていないからといって委任者が同時履行・先履行の抗弁権を放棄するものとただちに扱われるわけではないと解されるものの、権利義務関係の明確化のために契約条項の見直しを行った方がよいでしょう。

　以上に加え、改正民法では、請負と同様の規律による割合的報酬請求も可能となりました（改正民648条の2第2項、634条）。こちらについては、成果に対して報酬を支払う旨の定めがある場合には、改正民法に従って条項を見直す必要があります。

(3) その他

Q13 民法改正を受けて、現行の委任契約書における復受任者の選任に関する条項を改める必要があるでしょうか。

A 規定の内容によっては、改定を検討する必要があります。

改正前民法下では、代理についてのみ、「委任者の許諾を得たとき」または「やむを得ない事由があるとき」でなければ代理人は復代理人を選任できない旨の規定（自己執行原則）がありました（民104条）。これに対し、改正民法下では、委任契約自体についても、復代理に関する民法104条と同趣旨の改正民法644条の2第1項が設けられましたので、その内容に沿った改定を検討すべきかと思います。

また、代理権を付与する委任について、復受任者が受任者の権限の範囲内で権利義務を有するとの条文も設けられました（改正民644条の2）。これも、復代理に関する民法107条2項と同内容です。

ただし、改正前民法下においても、復代理に関する民法104条および107条2項は復委任にも妥当すると解釈されていたため、改正による実質的変更はないといえます。

Q14 民法改正を受けて、現行の委任契約書における解除に関する条項を改める必要があるでしょうか。

A 受任者の立場からは、改めることが望ましいと考えられます。

●想定条項

> 委任者は、本契約を解除する場合、受任者に対し、当該解除により受任者に生じる損害を賠償しなければならない。

改正民法では、委任者が契約解除に基づく損害賠償をしなければならない場合として、「委任者が受任者の利益（専ら報酬を得ることによるものを除く。）をも目的とする委任を解除したとき」を追加しました（改正民651

条2項2号)。

　これは、委任が受任者の利益をも目的とする場合に委任者による解除を制限する判例法理を参照したものですが、判例では解除自体が制限されていたのに対し、改正民法では解除自体は認めつつ別途受任者から委任者に対する損害賠償請求により金銭解決するものとなっています。

　なお、改正民法651条2項2号は任意規定と解されますので、解除権そのものを放棄する内容の委任契約とすることも可能です。受任者の立場からは、委任者による解除権を放棄する内容とするか、解除権を留保するとしても損害賠償を要する旨の条項を置いて契約関係を明確化することが望ましいといえます。その際には、賠償範囲の定めを置くとなおよいでしょう。

> **Q15** 改正民法の施行により、施行日前に締結された委任契約への影響はあるでしょうか。

A 影響はありません。

　委任については、経過措置により、施行日前に締結された契約およびそれに付随する特約には改正民法は適用されません（改正法附則34条1項）。

3 雇用

(1) 雇用に関する改正点

Q16 民法改正では、雇用契約についてどのような改正がなされたのでしょうか。

A 改正民法では、雇用契約について、以下の点が改正されています。

① 使用者の責めに帰することができない事由によって労働に従事することができなくなったとき、または雇用が履行の中途で終了したときには、履行割合に応じて報酬を請求することができることにしました（改正民624条の2）。

② 期間の定めの終期が不確定である雇用の場合一般について、当事者の一方は、5年を経過した後は、いつでも契約を解除することができることにしました（改正民626条1項）。

③ 期間の定めのある雇用において、労働者からの解除の予告期間を3か月前までから2週間前までに短縮しました（改正民626条2項）。

④ 期間の定めのない雇用の解約において、6か月未満の期間によって報酬を定めた場合には当期の前半に次期以降（6か月以上の期間によって報酬を定めた場合には3か月前）の申入れをすることを要するとの規制の適用対象を使用者に限り、労働者についてはいつでも解約申入れが可能で、2週間の経過により雇用が終了することにしました（改正民627条2項・3項）。

Q17 民法改正を受け、雇用契約について、見直すべき点はありますか。特に労働基準法の適用のある労働契約の場合はどうでしょうか。

A 民法改正によって見直す必要はありません。
雇用契約に関する改正点は、①履行割合に応じた報酬請求権の規定

の新設（改正民624条の2）、②期間の定めの終期が不確定である雇用の場合一般について5年経過による解除を可とすること（改正民626条1項）、③期間の定めのある雇用における労働者からの解除の予告期間の短縮（同条2項）、④期間の定めのない雇用における労働者による解約の申入れに関する期間の短縮（改正民627条2項・3項）です（Q16参照）。

　①は、労働基準法の適用の有無を問わず、ほとんどのケースでこれまで認められてきた労働者の報酬請求権を明文化するものであり、改正を受けて見直しが必要になるものではありません。ただし、現行の契約書などにこのような条項が設けられていない場合には、権利義務関係の明確化のため、明文化することも考えられます。

　②③は、労働基準法の適用のある労働契約の場合、同法14条1項の規律を受けるために原則として期間の上限が3年（特例に該当すれば5年）であるため、改正の影響はなく、民法改正による見直しの必要はありません。ただし、「一定の事業の完了に必要な期間を定める」契約は、5年を超えることがありえますから、この場合には、契約終了時期の明確化のため、明文化することも考えられます。

　④は、労働基準法の適用のある労働契約の場合、同法20条の規律を受けるため、改正の影響はなく、民法改正による見直しの必要はありません。

(2) その他

Q18 改正民法で、履行割合に応じた報酬請求権の規定が新設されたことを受け、就業規則中の賞与の支給日在籍要件に関する条項を改める必要がありますか。

●従前の条項例

> 賞与受給資格者は、支給日当日に在籍する社員とする。

A 改める必要はないと考えられます。

多くの企業では、賞与の受給資格者について、支給日に在籍していることを要件にしています。賞与は賃金後払い的な性格も有することから、改正民法で履行割合に応じた報酬請求権の規定が新設されたこと(改正民624条の2)によって、支給日に在籍していなくとも当該労働者の履行割合に応じて賞与を支払うべきことになるのか懸念されます。しかし、改正前民法下において、賞与について支給日在籍要件を定めた就業規則の有効性を認めた判例は、解釈上認められていた割合的な報酬請求権の考え方を前提にしつつも、労使関係における慣行などの具体的事実関係に基づいて内容の合理性を判断したものと考えられます。

賞与に関する支給日在籍要件の有効性は当該企業における賞与の具体的性格に照らして個別具体的に判断されることであって、民法改正の下でもこの点を判断した同判例の解釈は維持されるものと考えられるため、支給日在籍要件を定めた就業規則を改める必要はないと考えられます。

Q19 改正民法の施行日前に締結された雇用契約に影響はありますか。

A 影響はありません。

改正民法の施行日前に締結された雇用契約は、経過措置により、改正前民法の規定が適用されます(改正法附則34条1項)。

4　業務委託

(1)　全般

> **Q20**　民法改正を受け、現行の業務委託契約書について、見直しが必要でしょうか。

●従前の条項例

> 甲は、乙に対し、本契約に基づき、以下の業務（以下「本件業務」という）を委託し、乙はこれを受託する。

A　現行の業務委託契約書の内容に応じて、改正民法における請負契約や委任契約に関する改正事項をふまえた見直しを検討すべきです。

民法改正においては、業務委託契約に関する規定の新設などの特別の改正はありません。

そのため、「業務委託契約」というタイトルの契約を締結する場合については、改正前民法下と同様に、業務委託契約における業務の具体的な内容をふまえて、契約総則および典型契約のいかなる規律を受けるのか、規律を受けた場合に不都合があれば契約で修正する必要がないかなどについて検討する必要があります。

一般に、業務委託契約は、業務委託として定めた業務の内容が仕事の完成を目的とするものであれば請負的性格を持ち、事務処理を目的とするものであれば準委任的性格を持つことになりますので、それに応じて請負または委任の規律を受けるかどうかの区別を確定する必要があります。

そこで、改正民法による契約総則および請負または委任の改正点をふまえたうえで、業務委託契約書の条項を具体的に明文化することが望ましいでしょう。なお、請負についてはQ1、（準）委任についてはQ10をご参照ください。

Q21 民法改正を受け、現行の業務委託契約書における再委託に関する条項を改める必要がありますか。

●従前の条項例

> 乙（受託者）は、再委託先候補に関する事項を甲（委託者）に通知し、甲の事前の書面による承諾を得た場合に限り、乙と業務委託契約またはこれに類する契約を締結した第三者に、本件業務を必要な範囲で再委託することができる。

A 必ずしも改める必要はありません。

改正民法下の（準）委任では、原則として受任者自らが委任事務を執行しなければならないことを前提として、「委任者の許諾を得たとき」または「やむを得ない事由があるとき」に復受任者を選任できることが明文で規定されました（改正民644条の2第1項）。業務委託契約においても、再委託の可否について、改正民法644条の2に準拠すべきかどうかが課題となりますが、そもそも同条は任意規定と解されます。改正前民法下でも再委託に関する条項を設けていることが多いと思われますので、改正民法下においても、委託者と受託者のそれぞれの事情をもとに再委託に関する条項を設けることに問題はありません。ただし、委託者は、受託者を信頼して当該業務の遂行を委託するのですから、「やむを得ない事由があるとき」に再委託が発生してしまう事態を抑止するため、「委託者の許諾を得たとき」に限定する従前の条項例を維持することが望ましいでしょう。

一方、受託者が再委託を行うことを想定する場合には、それが可能であることおよびどのような手続・条件のもとで可能となるのか明らかにする条項を設けた方がよいでしょう。

なお、Q13もご参照ください。

Q22
民法改正を受け、現行の業務委託契約書の解除に関する条項は、改める必要がありますか。

A 以下の点を改めるべきだと考えられます。
　改正民法は、委任契約の解除について、改正前民法の規定と従来の判例理論に基づき、受任者の帰責事由を不要とし、委任者を契約の拘束力から解放する手段と整理しています（改正民651条）。
　そこで、上記にかかわらず、現行の業務委託契約の条項が、解除事由について受託者の帰責事由を考慮に入れたものになっていれば、これを改定するかどうかを検討する必要があります。他方で、委託者にとっては、受託者の帰責事由を考慮しない解除事由に改定する方がよいでしょう。
　また、改正民法下では、催告による解除においては、契約などに照らして債務不履行が軽微であるときには解除権が発生せず（改正民541条ただし書）、催告によらない解除（改正民542条）においては、契約をした目的を達成することができないときに解除権が発生するとされています。そこで、委託者からすれば、業務委託契約の具体的な目的に関する条項を設けて、解除事由の条項に契約目的が達成できない具体的事由を列挙することが望ましいといえます。
　次に、準委任的性格を持つ業務委託の場合、上記のとおり、いつでも契約を解除できるとする任意解除権があると評価される一方で、委託者が受託者の利益をも目的とする契約を解除したときは、やむをえない事由がない限り、受託者の損害を賠償しなければならないと解されます（改正民651条2項）。そこで、受託者の利益をも目的とする業務委託の場合には、終了時の清算処理の定めをあらかじめ設ける条項を追加するという改定を検討した方がよいでしょう。他方で、改正民法の規定と異なり、任意解除権を想定しない場合は、そのような解除権がない（放棄されている）ことを明文化しておくことが望ましいでしょう。
　なお、契約上の解除権を含めた解除一般については第3章Q16～Q19も、委任契約の解除についてはQ14もご参照ください。

(2) ソフトウェア開発契約・設計契約

Q23 民法改正を受け、現行のソフトウェア開発契約書において、プログラムの瑕疵（契約不適合）に対する修正請求に関して、条項を改める必要がありますか。

●従前の条項例

> 検収完了後、納入物について要件定義書との不一致（バグも含む。以下「瑕疵」という）が発見された場合、甲（発注者）は乙（開発者）に対して当該瑕疵の修正を請求することができ、乙は、当該瑕疵を修正するものとする。

A 実質的な内容を改める必要はありません。

　ソフトウェア開発契約は、一般に請負契約であると解されています。そのため、開発したソフトウェアに不具合があった場合、改正民法に基づくと、発注者は、ソフトウェア開発契約（請負契約）に基づく責任を追及することになります。そして、改正民法では改正前民法634条および635条が削除され、民法559条により売買の規定が請負を含む有償契約に準用されますので、「瑕疵」ではなく「契約不適合」という表現に変わりますが、修正請求（追完請求）が認められることに変わりありません。

　契約不適合に基づく修補請求をなすことができるかどうかは、適合すべき「契約の内容」によって定まります。通常、ソフトウェア開発においては、どのような内容のソフトウェアとするかを記載し、それに従って開発が行われることを求める内容として「要件定義書」が作成されます。この要件定義にある内容が開発されなければ、契約不適合になり、修補請求を認めるべき場合であるといえます。

　そこで、改正民法下においても、現行の契約書の文言を一部変更する必要はあるものの、上記の実態を反映した条項となっていれば、基本的に従前どおりの条項のままでもよいと考えられます。

　なお、担保責任については、第3章Q5〜Q11、本章Q3〜Q7もご参照ください。

> **Q24** 民法改正を受け、ソフトウェア開発契約書において、プログラムの瑕疵（契約不適合）に対する修正請求を行うことができる場合を規定する場合、注意すべき点はありますか。

A 改正民法においても、注意すべき点に変わりありません。

契約不適合であるというためには、開発されたソフトウェアの現状が開発されるべきソフトウェアの内容（合意した仕様）にマッチ（適合）するかどうかが基準になりますので、契約において何が開発対象であったかが重要な課題になります。したがって、要件定義書の内容のほかに、どのような内容の仕様変更があったかどうかを確認するため、途中でやりとりされた議事録やメールの記録まで視野に入れて、開発されるべきソフトウェアの最終内容を確認する必要があります。

契約条項として注意すべき点としては、特に仕様変更の有無や内容に関するトラブルを防止するため、正式な仕様変更といえるためには、だれがどのような方法によりいかなる変更手続をとるべきかに関する条項を設けることがあげられます。

> **Q25** 民法改正を受け、現行のソフトウェア開発契約書において、プログラムの瑕疵（契約不適合）に対する修正請求ができる期間の制限に関する条項を改める必要がありますか。

●従前の条項例

> 乙（開発者）がかかる修正責任を負うのは、検収完了後○か月以内に甲（発注者）から請求された場合に限るものとする。

A 立場によっては改める必要があります。

ソフトウェア開発契約は一般的に請負契約であると解されますが、改正民法637条1項の規律により、発注者が開発者（請負人）に対して担保責任を追及するためには、「不適合を知った時」から1年以内にその旨を開発者に通知することが求められます。担保責任の期間制限の起算点の改正や、請求ではなく通知で足りるとした改正で、発注者にとっては、

改正前民法に比べて実質的に有利な内容になったといえます（ただし、商人間の場合は、商法526条の適用・類推適用に留意する必要があります。製造物供給契約につきQ34参照）。また、請負人が目的物の引渡し時に、契約不適合について悪意または重過失により知らなかった場合には、上記の改正民法637条1項による請負人の担保責任の期間制限がないことも規定されました（改正民637条2項）。

そのため、ソフトウェア開発の発注者にとっては、①開発者の担保責任の期間制限の起算点、②期間内になすべき行為（請求ではなく通知）、③開発者が契約不適合につき故意または重過失であるときの開発者の担保責任の期間制限の不適用について、改正民法の考え方をふまえた契約条項の改定をすべきでしょう。一方、請負人である開発者にとっては、改正民法637条が任意規定と解されることから期間制限に関して特約を設けることが望ましいことになります。

なお、Q7もご参照ください。

Q26 民法改正を受け、現行のソフトウェアの開発契約書について、開発業務が途中で終了した場合の報酬請求権に関する条項を改める必要がありますか。

●従前の条項例

1　甲（発注者）は、乙（開発者）に対し、ソフトウェア開発期間である平成○年n月から同年n＋5月までの6か月間、業務報酬として毎月○万円を支払う。
2　甲は、乙に対し、乙がソフトウェアを完成し、その引渡しを受けたときは、報酬として○万円を支払う。

A 開発者（請負人）の立場からは、改めた方がよいでしょう。
　ソフトウェア開発契約は一般に請負契約であると解されますが、改正民法634条の規律により、①仕事の完成が不能になった場合または仕事の完成前に解除された場合において、②すでにされた仕事の結果が可分であり、かつ、可分な給付によって発注者側が利益を受けるときは、その部分については完成とみなして、開発者は当該利益の割合に応じた報酬を

請求できます。そうすると、②の判断においては、ソフトウェアの現状とその出来高評価、現状のソフトウェアの開発を別の業者が引き継ぐことが可能な性質のものかどうかがポイントになります。また、請求できる「報酬」には、開発者側がすでに支出した費用も含まれます。

そこで、開発者の立場からは、仕事の完成前に解除される場合も想定して、報酬の条項において期間や開発段階ごとに割合的な定め方をしたり、加えて途中終了の報酬および費用の扱いについて別の規定を設けたりすることが望ましいでしょう。

なお、Q2もご参照ください。

> **Q27** 民法改正を受け、現行のソフトウェア設計契約書の設計業務が途中で終了した場合を想定して、設計者の報酬請求権に関する条項を改める必要がありますか。

●従前の条項例

> 1 甲（委託者）は、乙（受託者）に対し、ソフトウェア設計期間である平成○年n月から同年n＋5月までの6か月間、業務報酬として毎月○万円を支払う。
> 2 甲は、乙に対し、乙がソフトウェア設計書を作成し、その引渡しを受けたときは、報酬として○万円を支払う。

A 設計者（受託者）の立場からは、改めた方がよいでしょう。

ソフトウェアの設計契約は、一般にソフトウェアの設計という事務を委託するものであり、開発契約（Q23～Q26）と異なり、法的には準委任契約であると解されます。そして、作成した設計書に対して報酬を支払うことを約している場合、準委任事務処理の結果として達成された成果に対して報酬が支払われる成果完成型の委任と考えられます。

改正前民法下では、準委任が受任者の責めに帰することができない事由によって履行の中途で終了したときに、受任者は、すでにした履行の割合に応じて報酬を請求することができるとされていました（改正前民648条3項）。しかし、改正民法下では、成果完成型の場合、請負類似の関係として、改正民法648条の2第2項により改正民法634条が準用され、①

受託者が成果を得られなくなった場合または成果を得る前に解除された場合において、②すでにされた事務の履行の結果が可分であり、かつ、可分な給付によって委託者が利益を受けるときは、その部分については得られた成果とみなして、受託者は利益の割合に応じた報酬を請求できます。

そこで、設計者（受託者）の立場からは、成果が達成される前に解除される場合がありうることも想定して、報酬の条項において期間や設計検討段階ごとに割合的な報酬を定めたり、途中終了の報酬および費用の扱いについて別の規定を設けたりすることが望ましいでしょう。

なお、Q12もご参照ください。

(3) コンサルタント契約

Q28 民法改正を受け、現行のコンサルタント契約書について、見直す必要はありますか。

●従前の条項例

> 甲は、乙に対し、以下に定めるコンサルティング業務を委託し、乙はこれを受託する。
> ① ○の販売に関する指導、助言等
> ② ○の販売先の仲介等

A 契約総則および委任における改正点をふまえて、見直すことが望ましいでしょう。

コンサルタント契約は、その内容によって多種多様にわたり、受託者の業務としては、①受託者が問題提起などのアドバイスをするにとどまるもの、②具体的な対応策を立案・提示するもの、③実際に具体的な対応策を実行するもの、といった形態が考えられます。一般的には、（準）委任契約となることが多いといえます。

そこで、改正民法下においては、契約総則および委任の改正点をふまえて、コンサルタント契約書の各条項を見直すかどうか検討することになります。

ただし、コンサルタント契約のなかでも、③の形態で、仕事の完成が観念できる場合は、請負的性格を持つものもありえます。その場合は、請負に関する改正点もふまえた見直しを考えるべきでしょう。

なお、委任については、Q10もご参照ください。

Q29 民法改正を受け、現行のコンサルタント契約書の報酬に関する条項について、改める必要がありますか。

●従前の条項例

> 本契約に基づく報酬は、月額金○円とする。

A　受託者の立場からは、改めることが望ましいでしょう。

　Q28のとおり、コンサルタント契約の多くは（準）委任契約の性格を持つと解されますが、従前は、事務処理の労務に対して報酬が支払われる履行割合型の報酬条項を定めていると思われます。改正前民法下では、受任者の責めに帰することができない事由によって履行の中途で終了したときに、受任者は、すでにした履行の割合に応じて報酬を請求することができるとされていました（改正前民648条3項）。

　これに対し、改正民法下では、「委任者の責めに帰することができない事由によって委任事務の履行をすることができなくなったとき」または「委任が履行の中途で終了したとき」について割合的な報酬請求ができることが明文で規定されました（改正民648条3項）。

　したがって、受託者の立場からは、途中終了がありうることも想定して、報酬の条項において期間や事務処理の進捗段階ごとに割合的な定め方をしたり、途中終了の報酬および費用の扱いについて別の規定を設けたりすることが望ましいでしょう。

　なお、Q11もご参照ください。

Q30　民法改正を受け、弁護士との現行の顧問契約書を見直すべき点はありますか。

●従前の条項例

> 　甲は、乙（弁護士）に対し、以下に定める事項を委嘱し、乙はこれを受託する。
> 　① 甲の事業の遂行に関し、法律上の問題または紛争について、相談に応じて意見を述べ、甲の個別的委任により自らその紛争を処理する。
> 　② 甲が第三者との間に締結する契約書等の文書について、その内容および手続につき、甲の求めに応じて助言し、または契約書等の文書を作成する。
> 　③ 甲の事業経営について、法律上の観点から必要に応じ助言または協力する。

A　契約総則および委任における改正点をふまえて、条項の見直しの要否を検討することが望ましいでしょう。

弁護士の法律顧問業務の場合、①復代理人を選任することもあること、また、②事務処理に対して報酬が支払われる履行割合型の条項とすることが多いことが特徴としてあげられます。改正民法においては、①に関して、復代理人を選任した任意代理人が負う責任を選任・監督責任に軽減していた改正前民法105条が削除され、委任事務の処理は原則として受任者自ら執行すべきとしつつ例外的な事由に限り復受任者を選任できることが明文化されました（改正民644条の2参照）。また、②に関して、委任事務が途中で不能または終了した場合には、受任者に帰責事由があるときであっても履行割合に応じた報酬請求権が認められました（改正民648条3項参照）。契約書の見直しにあたっては、これらの点をふまえることが望ましいでしょう。受託者側である弁護士からすれば、復代理人の選任に関する許諾を得る旨の条項やその場合の責任負担のあり方に関する条項、解除（解約）に関する条項（途中解除事由および解除時の報酬処理）について注意する必要があるでしょう。

Q31 民法改正を受け、税理士・社会保険労務士・会計監査人・公認会計士・監査法人との現行の契約書について、見直すべき点はありますか。

●従前の条項例

　甲は、乙（税理士）に対し、甲にかかる税務申告ならびにこれに伴う税務相談、税務代理および税務書類の作成を委託し、乙はこれを受託した。

　甲は、乙（社会保険労務士）に対し、甲にかかる労働・社会保険諸法令に基づく書類の作成、提出および帳簿類の作成、管理およびこれらに伴う指導、相談を委託し、乙はこれを受託した。

> 甲は、乙（公認会計士）に対し、会社法第436条第2項第1号に基づき、乙が独立の立場から、甲の計算書類ならびにその附属明細書に対する意見を表明することを目的として、監査を実施することを委託し、乙はこれを受託した。

A 契約総則および委任における改正点のほか請負や委任における改正点もふまえて、見直すことが望ましいでしょう。

　まず、税理士との顧問契約においては、通常税務書類の作成が含まれると思われますので、契約は請負的性格を持つものになります。そして、税務申告には申告期限があり、また不十分な内容であったときに修正申告をせざるをえなくなります。改正民法下においては、改正前民法634条が削除されて民法559条により売買に関する契約不適合責任が準用されることをふまえ、追完請求・損害賠償請求・解除についてどのように対応するのかに関する債務不履行の一般的な規律をもとに対処することになります。そのため、委託者の立場からは、特に申告期限書類の作成にあたって、各当事者が契約上なすべきことおよび不十分な履行であったときの責任負担のあり方について定めておいた方がよいでしょう。

　次に、社会保険労務士との顧問契約についても、労働・社会保険諸法令に基づく書類の作成が含まれるときは、請負的性格を持ちますので、同様の見直しが必要と考えられます。

　他方で、会計監査人（公認会計士・監査法人）については、委託者との関係は委任に関する規定に従うこととされています（会社法330条）。ただし、会計監査人との監査契約においては、監査報告書の作成が含まれることから、請負的性格も無視できませんので、上記と同様の見直しの要否を検討すべきでしょう。

　このように、これら専門家との契約においては、報酬の定め方を履行の割合に応じるか成果に応じるか（これらの複合とするか）に関する条項、復受任者の選任に関する許諾を得る旨の条項やその場合の責任負担のあり方に関する条項、解除（解約）に関する条項（途中解除事由および解除時の報酬処理）において、委任のほか、請負的性格も持つことから請負における改正点もふまえて見直すことが望ましいでしょう。

　なお、請負については、Q1もご参照ください。

(4) 経過措置

> **Q32** 改正民法の施行日前に締結された業務委託関係の契約は、民法改正によって影響を受けますか。

A 影響はありません。ただし、自動更新条項がある場合には注意が必要です。

改正民法の施行日前に締結された契約は、合意時点において改正前民法が適用されるという期待を保護すべき必要があることから、経過措置により、改正前民法の規定が適用されます（改正法附則34条1項）。

自動更新条項などについては、第1章Q3、Q4もご参照ください。

5 製造物供給

Q33 当社は、A社から原材料を仕入れて加工し、B社に継続的に販売します。民法改正を受け、天災などでA社から原材料が入らない場合に備え、B社との現行契約書を改定する必要がありますか。

A 以下の点を改定すべきです。

改正民法415条1項では、「契約その他の債務の発生原因及び取引上の社会通念に照らして」債務者の責めに帰すべき事由によらない場合は、債務不履行に基づく損害賠償責任を負わないことが明示されました。そのため、契約書において、天災などの不可抗力によるA社の供給不能により物の供給が受けられない場合などについて、当社の責めに帰すべき場合に該当しないことを明記すべきです。

Q34 民法改正を受け、製造物供給契約書を作成するにあたり、供給した製品の品質が適当でない場合の規定についてどのような点に注意すべきですか。

A 改正民法下においても、企業間の取引で双方が商人である場合には、当該契約が売買にあたるか請負にあたるかによって適用される規定が異なるため、注意が必要です。

商人間の売買の場合、売主は改正商法上の検査および通知の義務を負うことになり（改正商526条2項）、買主は検査のうえただちに不適合を売主に通知しなければなりません。これに対し、請負契約の場合、民法によることになるので、注文者は、契約内容の不適合の事実を知った時から1年以内に請負人に通知をすべきことになります（改正民637条。Q7参照）。

このように、商人間の取引の場合は、製造物供給契約が売買なのか請負なのかで担保責任に関する規律が異なることになるため、契約類型に応じて契約条項を定めることが必要であり、争いを避けるため、契約書に明記すべきです。

なお、商人間の取引ではない場合、売買契約か請負契約かで差異はなく、改正民法566条に従った対応が必要です。

> **Q35** 民法改正を受け、製造物供給契約書を作成するにあたり、検収の規定についてどのような点に注意すべきですか。

A 供給物が滅失・損傷した場合の負担について、いつの時点で契約当事者間の危険が移転するのかを明確にする必要があります。

改正民法では、引渡し時に目的物の滅失・損傷の危険が移転すると定められています（改正民567条1項）ので、契約書で特段の合意をしなければ引渡し時が危険移転時期となります。もっとも、改正民法567条は任意規定と解されますので、当事者間で「引渡し後〇日以内に検収を実施すること」、「検収完了時に危険が移転する」と定めることも可能です。そのため、契約実態に応じて、このような条項を記載することも検討すべきです。

第7章　債権譲渡・債務引受・更改

1　債権譲渡

(1)　総論

Q1　債権譲渡について、民法改正ではどのような点が見直されたのでしょうか。

A　主に以下の①〜③について見直しがされています。

①譲渡制限特約付債権について、預貯金債権を除き、譲受人が特約の存在について悪意または重過失であっても譲渡自体は有効となります（改正民466条1項・2項、466条の5）。また、この点に関連して、次の規律があわせて設けられました。

ⅰ　譲受人が悪意または重過失の場合、債務者は譲受人への債務の履行を拒絶することでき、譲渡人に対する弁済などの債務消滅事由を譲受人に対抗できる（改正民466条3項）。

ⅱ　ⅰの場合でも、譲受人が債務者に対して譲渡人への履行を催告したにもかかわらず相当期間内に債務が履行されないときは、譲受人から債務者へ直接履行請求をすることができる（改正民466条4項）。

ⅲ　債務者は供託をすることができ、譲受人のみが供託金の還付請求ができる（改正民466条の2）。

ⅳ　譲渡人に破産手続開始決定があったときは、債権の全額の譲渡を受けていたこと、および第三者対抗要件が具備されていることを前提に、譲受人から債務者へ供託請求をすることができる（改正民466条の3）。

ⅴ　譲渡後に当該債権が差し押さえられた場合、譲受人が悪意・重過失の場合を除き差押えが優先し、債務者は譲渡人への弁済が禁止される

（改正民466条の4）。

②従前の判例を明文化するものとして、vi将来債権の譲渡に関する規律（改正民466条の6、467条1項かっこ書）、vii債権譲渡と相殺の優劣に関する規律（改正民469条）が明確にされています。

③さらに、債務者の異議なき承諾による抗弁の切断の規律（改正前民468条1項）が廃止されています（改正民468条）ので、注意が必要です。

(2) 譲渡制限特約がある場合の債権譲渡の有効性

Q2 譲渡制限特約付債権の譲渡に関する改正を受け、現行の債権譲渡契約書の見直しは必要ですか。

A 見直しの検討が必要と考えられます。

　改正民法466条2項によれば、譲受人が譲渡制限特約の存在について悪意・重過失がある場合でも当該債権の譲渡自体は有効です。そのため、譲渡後の債権者は譲受人であり、債務者が履行を遅滞していても譲渡人が直接債務者へ履行請求することはできません。

　そして、たとえば、譲受人に重過失があるとして債務者が譲受人への履行を拒む場合は、譲受人は、債務者に対し、譲渡人への履行を催告し、それが履行されず相当期間が経過した後に債務者へ直接履行請求できます（改正民466条3項・4項）。

　そこで、譲受人としては、譲渡制限特約の存在を知りながら債権譲渡を受ける場合を含め、同特約の存在について債務者が悪意・重過失の抗弁を主張する場合を想定し、譲渡人が債務者から受領することとなる弁済金をすみやかに譲受人に引き渡す義務などを債権譲渡契約書に明記しておくことなどを検討する必要があります。

(3) 譲渡人破産の場合における債務者の供託

> **Q3** 債権譲渡を受けるにあたり、譲渡後に譲渡人が破産してしまった場合に備え、債権譲渡契約書の作成時に気をつけることはありますか。

A 債権全額の譲渡であって第三者対抗要件を備える場合の債務者に対する供託請求を可能にするために、その旨の条項を定めておくとよいでしょう。

改正民法では、譲渡対象債権が譲渡制限特約付きの金銭債権である場合において、譲渡人が破産したときは、譲受人は、譲渡制限特約に関して悪意または重過失であっても、債務者へ供託請求をすることができます（改正民466条の3）。ただし、破産手続開始決定時に、債権の全額について譲渡を受けており、かつ、第三者対抗要件を備えていることが必要です。いわゆる倒産隔離を制度化したものです。

そのため、たとえば、債権譲渡が、サイレント方式の債権譲渡担保であるため第三者対抗要件を具備しないケースについて、担保権者（譲受人）としては、譲渡人の破産によるリスクを回避するため、契約書において、債権全額の譲渡であることを明示するとともに、破産手続開始決定までに第三者対抗要件を具備する具体的な方策を従前以上にしっかり定めることが必要です。なお、破産法上の対抗要件否認の問題があることには注意が必要です。

(4) 将来債権譲渡

Q4 改正民法の将来債権譲渡についての定めは、どのような内容でしょうか。また、将来債権譲渡契約について、どのような点に気をつけるべきでしょうか。

A 改正民法では、①将来発生する予定の債権の譲渡が可能であること、②譲渡により当該債権は発生の際に当然に譲受人に帰属することについて定めが置かれました。また、③債権譲渡の対抗要件具備の前または後に譲渡制限特約が付された場合その効果が異なることが明示されましたので、注意が必要です。

上記①および②は、改正民法466条の6第1項・2項として新設されましたが、いずれも判例を明文化したものであり、実務上の影響はないと考えられます（①は、最判平成11・1・29民集53巻1号151頁、②は、最判平成19・2・15民集61巻1号243頁）。

また、上記③について改正民法466条の6第3項は、対抗要件が具備される前に譲渡制限特約が付された場合、債務者は、譲受人の主観的態様にかかわらず同特約を譲受人に対抗することができる旨が定めていますので、その反対解釈として、対抗要件具備後に譲渡制限特約が付された場合には、譲受人の主観を問わず、債務者は同特約を譲受人に対抗できないことになります。

したがって、将来債権の譲渡契約を締結しようとする場合において、譲受人は、譲渡制限特約が付されていないことを契約上確認し、かつ、譲渡制限特約が付される前に対抗要件を具備する必要があるといえます。

なお、債務者がその債務について譲渡制限特約を新たに付そうとする場合には、当該債権について債権譲渡が行われていないかを確認し、場合によっては債権者からの表明保証を取得するなどの対応が必要となると考えられます。

(5) 債権譲渡と契約上の地位の移転

> **Q5** 債権譲渡を目的の1つとして契約上の地位を譲受人に移転させる場合、契約時において留意することはありますか。

A 債権譲渡も目的とする契約上の地位の移転をする場合は、別途債務者の承諾を得るか、あらかじめ譲受人・譲渡人・債務者の三者間で契約をする必要があります。

債権譲渡契約では債権債務を生じさせた契約の取消権や解除権は移転しませんが、譲渡当事者および債務者の合意によりこれらを移転させることはでき（いわゆる契約上の地位の移転）、改正民法ではこれが明文化されました（改正民539条の2）。改正民法539条の2によれば、契約上の地位も移転させるためには、債務者の承諾を得る手続が必要になります。

また、契約上の地位の移転に伴い、譲渡人の契約上の義務は原則として免責されると解されますので、譲受人が譲渡人に引き続き債務を負担させることを企図する場合は、契約書でその旨を明確に合意しておく必要があります。

なお、上記の原則の例外として、賃借人が対抗要件を備えた後に不動産が譲渡される場合には、賃借人の同意はなくても賃貸人たる地位が譲受人へ移転するとの判例法理（賃貸人たる地位の移転）が改正民法により明文化されています（改正民605条の2第1項）。

(6) 将来債権譲渡と契約上の地位の移転

Q6 民法改正を受け、将来債権の譲渡契約に関し、譲渡対象債権の源となる契約上の地位が第三者に移転される場合に備え、留意することはありますか。

A 譲受人としては、将来債権の譲渡契約上で、契約上の地位の移転の禁止や違反した場合のペナルティを定める必要があります。

　将来債権の譲渡後に譲渡対象債権にかかる譲渡人の契約上の地位が第三者に移転した場合（将来賃料債権について譲渡担保設定後に当該賃貸不動産を売却する場合や、将来売掛債権について譲渡担保設定後に事業譲渡をする場合など）については、当該債権の譲受人と契約上の地位の譲受人のいずれが優先して当該債権を取得するのかは、改正民法下においても解釈に委ねられており、常に先に将来債権を譲り受けた者が優先するとは限りません（なお、賃料債権差押え後に賃貸物件が譲渡され賃貸人たる地位が移転した場合は差押えが優先するとする判例があります〔最判平成10・3・24民集52巻2号399頁、最判平成10・3・26民集52巻2号483頁参照〕）。

　そのため、将来債権の譲受人としては、債権譲渡契約書や債権譲渡担保設定契約書において、譲渡人に契約上の地位を第三者に移転しない義務を負担させ、違反した場合のペナルティ条項（譲渡債権のうち契約上の地位の譲受人に対抗できない額相当額の賠償義務など）を設けることなどが考えられます。

(7) 債権の譲渡における債務者の抗弁

Q7 民法改正を受け、現行の債権譲渡契約書で、債務者の「異議をとどめない承諾」の取得を譲渡人の義務としている点について見直す必要がありますか。

A 見直す必要があります。

改正民法では、改正前民法468条1項で認められていた債務者の「異議をとどめない承諾」による抗弁の切断（譲渡人に対抗することができた事由を譲受人に対抗できなくなる）の規律が廃止されました。そのため、債務者の抗弁の切断には債務者による抗弁の放棄の意思表示が必要であり、「債権譲渡を異議なく承諾する」という意思表示では足りないと解されます（改正民468条）。

そこで、債権譲渡の当事者としては、譲渡当事者および債務者の三者間の債権譲渡契約書を作成し、債務者が抗弁を放棄する旨の規定を設けるなどの対応が考えられます。ただし、債務者についてあらかじめ一切の抗弁権を放棄させる規定の有効性については疑義があることから、放棄させる抗弁は合理的な範囲に限定することが考えられます。

Q8 改正法が債務者の「異議をとどめない承諾」による抗弁の切断の規律を廃止したことにより、債権譲渡の実務にはどのような影響が考えられますか。

A 主にクレジットカード業者など、手形の代わりに債権譲渡を多用していた事業者において、抗弁が付着していない債権（これまでは最も価値が高いとされていた債権）が大幅に減少する可能性が高くなるため、手数料率の見直しなど、金融実務における影響が大きいと考えられます。

そして、今後は個別の債権譲渡契約が債務者を含む契約となり、そこで債務者が抗弁放棄の意思表示が条項化されることも増えると考えられ（Q7参照）、その方式や効果などについて、裁判例の集積を待つ必要があります。特に、民法改正の趣旨にかんがみると、上記の条項化だけでは、

抗弁放棄の意思表示の効果が限定的に解されるリスクも大きいと考えられるため、従来どおりのスキームでビジネス上費用対効果が見合うかどうかなどの検討が必要となると考えられます。

(8) 相殺目的の債権譲受け

Q9 相殺に供することを目的として債権を譲り受ける場合、民法改正を受け、債権譲渡契約書を作成するにあたり気をつけることはありますか。

A ①まず、改正民法では、譲渡債権の債務者からの相殺が認められる範囲が一定程度拡張されています（改正民469条）。

そのため債権譲渡契約書において、契約締結後に当該譲渡債権の債務者から、当該譲渡債権を受働債権とする相殺がなされた場合についての取決め（契約解除・損害賠償などの規定）を行っておくことが現在より必要となります。

②譲受債権に相殺制限特約が付されている場合を想定した対応をとることも考えられます。

改正民法では、譲受債権に相殺制限特約が付されており、第三者たる譲受人がその特約について悪意または重過失である場合、当該譲受債権を自働債権とする法定相殺はできないことが規定されました（改正民505条2項）。

そこで、譲受人は、当該特約がないことを譲渡人に確認し、その旨を表明保証させることが考えられます。

もっとも、相殺制限特約は当事者（債権者・債務者）の利益を目的としているため、債権の譲受人が特約について悪意または重過失の場合でも、合意による相殺は妨げられないと考えられます。そこで、上記表明保証が得られなかった場合であっても、債務者との関係で、個別に合意による相殺をするために交渉することがありえます。

(9) 経過措置

> **Q10** 改正民法の施行日前に生じている債権を施行日以後に譲渡する場合、改正民法と改正前民法のどちらの適用を受けるのでしょうか。

A 改正法附則では、「施行日前に債権の譲渡の原因である法律行為がされた場合〔は〕……なお従前の例による。」と定められていますので（改正法附則22条）、施行日前に当該債権譲渡の原因行為、たとえば譲渡契約などがなされている場合には改正前民法が適用されます。一方、債権譲渡に関する合意を改正民法施行日以後に行うのであれば、改正民法の適用を受けることになります。

2　債務引受

> **Q11**　改正民法で債務引受が明文化されたことにより、実務上どのような影響がありますか。

A　明文化された内容は、従前の判例および一般的解釈に沿って要件や効果を定めたものですので、実務に大きな影響はないと考えられますが、改正民法の具体的規定に沿った契約書の規定の見直しなどの対応は必要になると思われます。

　改正民法は、改正前民法下で解釈上認められていた併存的債務引受（債務者と引受人が併存して債務を負う）と免責的債務引受（債務者が免責され、引受人のみが債務を負う）の2種類について、基本的に従前の判例および一般的解釈に沿って要件や効果を明文化しています（改正民470条～472条の4）。そのため、これまでの債務引受の実務が大きな影響を受けるものではありません。ただし、免責的債務引受の要件や担保の移転のルールが明確になりましたから、改正民法の具体的規定に沿って契約書の見直しや対応を検討する必要があります。

> **Q12**　併存的債務引受契約の締結について、改正民法では、改正前民法から変更はありますか。

●従前の条項例

1　乙（引受人）は、甲（債権者）と丙（債務者）との間の○○年○月○日付金銭消費貸借契約に基づき丙が甲に対して負担する債務（以下「本件債務」という）を引き受け、履行する。
2　丙は、前項の債務引受にかかわらず本件債務についての責任を免れない。

A　特に変更はありません。
　改正民法では、併存的債務引受は、①債権者、債務者および引受人の三者契約によるほか、②債権者と引受人との契約（改正民470条2項）、または、③債務者と引受人が契約することによってもできることが明文化

されています（同条3項前段）。このうち、③については、債権者が引受人に対して承諾したときに効力が生じます（同項後段）。これらのいずれの方法についても、改正前民法下の解釈と実質的に異なりません。

> **Q13** 免責的債務引受契約の締結について、改正民法では、改正前民法から変更はありますか。

●従前の条項例

1　乙（引受人）は、甲（債権者）と丙（債務者）との間の○○年○月○日付金銭消費貸借契約に基づき丙が甲に対して負担する債務（以下「本件債務という」）を、丙に代わって引き受ける。
2　甲は、前項により乙が債務引受をしたことにより、丙が本件債務を免れることを確認する。

A　特に大きな変更はありませんが、債権者と引受人の契約による場合は債務者に対する通知が必要であること、また、債務者と引受人の契約による場合は債権者の承諾が必要であり、これを引受人に対し行う必要があることについて、契約書の条項の見直しを検討する必要があります。

　免責的債務引受は、①債権者、債務者および引受人の三者契約によるほか、②債権者と引受人との契約（改正民472条2項）、③債務者と引受人との契約によってもできます（同条3項）。

　②については、従来の判例の立場と異なり、債務者の意思に反しても契約できますが、債権者が債務者に通知をしたときに効力が生じます。また、③は、債権者が債務者ではなく引受人に対して承諾することによって効力が発生します。いずれも免責的債務引受の効力発生要件ですので、手続に不備がないよう契約書に同趣旨の規定を設けるなどの対応を行うのが適切です。

Q14 改正民法では、免責的債務引受の引受人は債務者に対し求償権を取得しないとされていますが、引受人が債務者に何らかの請求をすることはできないのでしょうか。

A 債務者の引受人に対する請求を認める合意を別途行うことは可能です。

改正民法は、免責的債務引受の効果として、引受人は、債務者に対して求償権を取得しないと定められています（改正民472条の3）。しかし、この規定にかかわらず、債務者と引受人との間で、引受けの対価として債務相当額の支払いなどについて合意をすることは可能です。したがって、かかる対価を希望する引受人（乙）は、債務者（丙）と以下のように明確に合意しておく必要があります。

●想定条項

> 丙（債務者）の甲（債権者）に対する債務（本件債務）について乙（引受人）が免責的債務引受を行う対価として、丙は、乙に対し、○○○円を支払うものとする。

Q15 改正民法では、債務引受を行った場合、債務者の有していた抗弁などはどのように扱われますか。

A 併存的債務引受、免責的債務引受のいずれにおいても、引受人は、債務引受の効力発生時に債務者が主張できた抗弁をもって債権者に対抗することができます（改正民471条1項、472条の2第1項）。また、引受人は、債務者が有していた解除権や取消権は行使できませんが、これらの行使によって債務を免れる限度で履行拒絶できます（改正民471条2項、472条の2第2項）。そのため引受人としては、これらの点を契約書で明示することも考えられます。

> **Q16** 改正民法では、債務引受を行った場合、引受人は債務者の有していた相殺権をもって債権者に対抗することはできますか。

A 併存的債務引受、免責的債務引受のいずれについても、引受人が債権者に対抗できるのは債務引受の効力発生時に債務者が主張できた「抗弁」であり（改正民471条1項、472条の2第1項）、債務者の相殺権の行使は認められていません。

ただし、併存的債務引受は連帯債務となるため（改正民470条1項）、債務者が債権者に対して相殺権を有する場合、連帯債務に関する改正民法439条2項の規定により、引受人は債務者の負担部分の限度で履行を拒むことができます。

一方、免責的債務引受の場合、債務者が免責されることにより債務から解放されるため、引受人は債務者の有する反対債権を理由に債務の履行を拒むことはできません。

> **Q17** 改正民法では、免責的債務引受が行われた場合、債務者が免れる債務に関する担保権や保証はどのように扱われますか。

A 債権者は、債務者が免れる債務の担保として設定された担保権・保証を引受人が負担する債務に移すことができます（改正民472条の4第1項本文・3項）。この場合、担保権・保証の移転はあらかじめまたは同時に引受人に対する意思表示によって行います（同条2項・3項）。ただし、債務者を含む引受人以外の者が設定した担保権・保証を移転するためには、担保権設定者・保証人の承諾が必要となります（同条1項ただし書）。保証人の承諾は書面または電磁的記録によって行う必要があります（同条4項・5項）。

そこで、担保権・保証の移転が伴う場合、債権者、引受人および担保権設定者・保証人の間で免責的債務引受契約を締結し、同契約において、担保権・保証の移転の意思表示および担保権・保証の移転に対する担保権設定者・保証人の承諾に関する規定を設けるべきです。具体的には、以下のような規定を設けることが考えられます。

●想定条項

> 1　甲（債権者）の丙（債務者）に対する債務（以下「本件債務」という）に対する丁（保証人）の保証債務について、甲は、本契約に基づく乙（引受人）による本件債務の免責的債務引受に伴い、当該保証債務を当該債務引受による乙の債務を保証するものとして移転する旨の意思表示をここに行い、乙はこれを確認する。
> 2　丁は、前項に基づく保証債務の移転を承諾する。

Q18 改正民法施行日前に締結された債務引受契約に改正民法は適用されるのでしょうか。

A 改正民法の債務引受の規定は、経過措置により、改正民法施行日前に締結した債務引受契約には適用されません（改正法附則23条）。

3 更改

(1) 総論

Q19 更改について、民法改正ではどのような点が見直されたのでしょうか。

A 改正民法では、更改について、以下の点が改正されています。

①更改の成立要件として、更改の意思が必要であることが明確になりました（改正民513条柱書）。

②更改の客観的要件として、ⅰ給付の内容の重要な変更、ⅱ債務者の交替、ⅲ債権者の交替、のいずれかを発生させる契約であることが明確にされました（改正民513条柱書・各号）。一方、条件の変更があっただけでは当然には更改にあたらないこととされました（改正前民513条2項の削除）。

③債務者の交替による更改については、債権者・新債務者間で更改契約後、債権者から旧債務者に対して当該契約をした旨通知することが効力発生要件となることが明確にされました（改正民514条1項）。また、新債務者は弁済をしても旧債務者に対する求償権を取得しないこととされました（同条2項）。

④債権者の交替による更改については、旧債権者、新債権者および債務者の三者間による契約を要することが明確にされました（改正民515条）。

(2) 債務者の交替による更改

Q20 民法改正を受け、債務者を交替する更改契約書を作成するにあたり見直すべき事項はありますか。

A 旧債務者への通知により債務者を交替する旨の規定や、新債務者が債務を弁済しても旧債務者に対して求償権を取得しない旨の規定を置くなどの見直しが考えられます。

　改正前民法では、債務者を交替する更改について、旧債務者が反対している場合には更改を行えませんでしたが、改正民法では、そのような場合でも更改を行うことが可能です。すなわち、旧債務者が反対していないことの意思確認（実務的には事前同意の取得）が不要となり、債権者・新債務者間で更改契約をした旨債権者から旧債務者に通知をすることが更改の効力発生要件とされました（改正民514条1項）。また、新債務者は、債務を弁済しても、旧債務者に対して求償権を取得しないという規律が新設されました（同条2項）。

　なお、機能が類似する免責的債務引受では、上記と同様の契約方式（改正民472条2項）に加え、旧債務者・新債務者（引受人）間で免責的債務引受契約をし、債権者が新債務者（引受人）に対して承諾するという方式（同条3項）も認められている点で債務者を交替する更改とは相違しますので、混同しないよう留意が必要です。

(3) 債権者の交替による更改
(債権者の交替による更改時の債務者抗弁の切断)

Q21 民法改正を受け、債権者を交替する更改契約書を作成するにあたり特に留意すべき事項はありますか。

A 新旧債権者と債務者との三者間契約とし、債務者の抗弁の切断に関する条項を織り込むことが考えられます。

　改正民法515条1項は、三者間契約によることを明文化しましたが、その点で機能が類似する債権譲渡とは異なるため、留意が必要です。とはいえ、実質的には債権譲渡の機能を営みますから、改正前民法と同様に、確定日付ある証書によらなければ第三者に対抗することができません（改正民515条2項）。

　また、債権譲渡に関する規定の改正（債務者の異議をとどめない承諾による抗弁の切断制度の廃止）を受け、改正前民法468条1項を準用していた改正前民法516条の規定が削除されたため、債権者の交替による更改時における債務者の抗弁の切断の有無は、抗弁の放棄にかかる債務者の意思表示に関する一般的な規律により判断されることになりました（改正民468条参照）。そこで、新債権者としては、債務者に合理的な範囲で抗弁権を放棄させる条項を更改契約書に盛り込むなどの対応が考えられます。

(4) 更改後の債務への担保の移転

> **Q22** 債務に抵当権や質権その他の担保権（保証債権含む）の設定がある場合、民法改正を受け、更改契約書を作成するにあたり特に留意すべき事項はありますか。

A 債務者が設定した抵当権と質権の新債務への移転については、契約書上、債務者の承諾が不要であることを前提とする内容に修正することが考えられます。

　改正前民法は、抵当権と質権の新債務への移転を当事者の合意によらなければならないものとしていましたが（改正前民518条）、改正民法では、あらかじめまたは更改契約時に債権者の単独の意思表示によってこれらを移転できることとなりました（改正民518条1項本文）。そこで、契約書についても、債務者の承諾が不要であることを前提とする内容に修正することが考えられます。

　一方、抵当権と質権以外の担保権や保証債権を移転させたい場合は、改正前民法と同じく当事者の合意を要しますので、新たに担保権設定契約や保証契約を締結する必要があります。

　また、担保権の第三者設定（物上保証）の場合も、従来どおり当該第三者の担保権移転の承諾が必要です（改正民518条1項ただし書）。

(5) 経過措置

Q23 更改契約について、改正民法の施行日前後における法律の適用関係はどうなりますか。

A 施行日前にされた更改契約に基づく更改については改正前民法が適用され、施行日以後にされた更改契約に基づく更改については、改正民法の適用を受けることになります（改正法附則27条）。

第8章　保証

1　保証に関する改正点

Q1　民法改正では保証についてどのような改正がなされましたか。

A　以下の点が、主な改正点としてあげられます。

① 事業性借入れの個人保証の場合の保証意思確認のための公正証書作成義務（改正民465条の6～465条の9）
② 極度額設定などの個人根保証のルールの適用対象の拡大（改正民465条の2、465条の4）
③ 保証人に対する情報提供義務に関するルールの新設（改正民458条の2、458条の3、465条の10）など

いずれも実務に影響を及ぼす改正ですので、契約書の見直しなどを検討すべきです。

上記の改正点に関する契約書の見直しなどの詳細についてはQ2からQ9を参照ください。

2 公正証書作成義務

Q2 取引先へ事業用資金を貸し付けるにあたって個人に保証してもらう場合、改正民法のもとでは、保証契約締結に際してどのような手続が必要となりますか。

A 貸主としては、原則として、保証人になろうとする者に対し、保証債務を履行する意思を表示した公正証書を保証契約締結の日前1か月以内に作成させる必要があります。

改正民法では、個人による安易な保証契約の締結を防ぐため、事業のために負担する借入れを対象とする個人保証・個人根保証について、原則として、一定の方式に従った公正証書（改正民465条の6第2項）の事前の作成による保証債務履行の意思確認が必要となりました。これを怠ると、保証契約が無効となりますので（同条1項）、事業借入れのために個人保証人を必要とする債権者、債務者は注意が必要です。なお、保証人になろうとする者が主たる債務者と一定の関係を有する場合は、この規制は適用されません（Q3、Q4参照。改正民465条の9）。

なお、実際に何が「事業のために負担した貸金等債務」に該当するかは、貸金等債務を負担した時点を基準時として、貸付等の基礎とされた事情に基づいて客観的に定まることになる（一問一答147頁）ものの、具体的には今後の解釈に委ねられるため、個々の事案において公正証書の作成が必要か否かを慎重に判断する必要があります。典型的には、製造業を営む株式会社が製造用の工場を建設したり、原材料を購入したりするために資金を借り入れる場合があげられます。それに対し、たとえば、子の奨学金や居住不動産を購入（または建築）するために借入れをする場合は「事業のために負担した貸金等債務」には該当しませんが、賃貸を目的とする不動産を購入（または建築）するために借入れをする場合には「事業のために負担した貸金等債務」に該当すると解されます（一問一答147頁、148頁）。

Q3 個人の取引先へ事業用資金を貸し付けるにあたって、他の個人に保証してもらう場合、公正証書の作成手続が不要な場合はありますか。

A 保証人となろうとする個人が以下に該当すると解される場合は、公正証書の作成手続は不要です（改正民465条の9第3号）。

① 取引先（主債務者）と共同して事業を行う者
② 主債務者の業務に現に従事している取引先（主債務者）の配偶者

上記①について、「共同して事業を行う」とは、組合における共同の事業（民667条）などと同様、業務執行の権限や代表権限、業務執行に対する監督権限など、事業の遂行に関与する権利を有するとともに、その事業によって生じた利益が分配されるなど、その事業の成功・失敗につき直接的な利害関係を有することが認められる必要があると考えられます。

上記②は、主債務者の業務に現に従事している配偶者（法律上の配偶者に限られます）であれば、自らまたは配偶者である事業主を通じて事業の状態を知ることができること、自らが従事する配偶者の事業のための貸金等債務などを保証することは、事業を継続することに主眼があり、情義に基づくという側面が弱いことなどを考慮したものであるとされています。また、この「現に従事している」とは、実際に事業に従事している必要があり、書類上事業に従事しているとされているだけでは足りず、また、保証契約の締結に際して一時的に従事したというのでは足りないとされています。

Q4 法人の取引先へ事業用資金を貸し付けるにあたって、個人に保証してもらう場合、公正証書の作成手続が不要な場合はありますか。

A 保証人となろうとする個人が以下に該当すると解される場合は、公正証書の作成手続は不要です（改正民465条の9第1号・2号）。

① 取引先（主債務者）の理事、取締役、執行役またはこれらに準ずる者
② 取引先が株式会社の場合は、総株主の議決権の過半数（間接的に有する場合も含まれます）を有する者および取引先が株式会社以外の法

人の場合はこれに準ずる者

3 根保証における規定の見直し

> **Q5** 民法改正を受け、個人を保証人とする根保証契約を締結する場合、極度額の点について、契約書上見直すべき点はありますか。

A 個人による根保証（個人根保証）については、必ず極度額を定める必要があります。

改正前民法では、貸金等債務（主たる債務の範囲に金銭の貸渡しまたは手形の割引を受けることによって負担する債務）を対象とする個人根保証についてのみ、極度額の定めが必須とされていましたが（改正前民465条の2）、改正民法では、個人による根保証契約一般にこの規制の適用が拡大されました（改正民465条の2第1項）。

極度額を定めないと契約自体が無効となるため（改正民465条の2第2項）、債権者は注意が必要です。

なお、根保証契約における元本確定期日の規制は、改正民法下でも、貸金等債務を対象とする個人根保証についてのみ適用されますので（改正民465の3第1項）、他の個人根保証について、同規制に基づく見直しは不要です。これに対し、元本確定事由については、Q6を参照ください。

> **Q6** 民法改正を受け、個人を保証人とする根保証契約を締結する場合、保証人についての元本確定事由の点について、契約書上見直すべき点はありますか。

A 個人根保証の元本確定事由に関する改正民法の規定をふまえ、個人根保証一般について契約書を見直すべきです。

改正前民法465条の4の元本の確定事由に関する規定は、貸金等債務に関する個人根保証のみを対象としていましたが、改正民法では、元本確定事由に関する規定の一部の適用対象が個人根保証契約一般に拡大されました。

具体的には、
① 保証人の財産について強制執行などが申し立てられ、その手続が開始されたこと
② 保証人が破産手続開始の決定を受けたこと
③ 主債務者または保証人が死亡したこと

が、根保証契約一般に適用される元本確定事由となります（改正民465条の4第1項各号）。

元本が確定した後に発生した主債務は根保証の対象とならないため、債権者としては、債権管理の観点からも個人根保証契約に改正民法をふまえた規定を設けるべきでしょう。

なお、貸金等債務に関する個人根保証契約については、改正前民法と同じく、上記のほかに、主債務者の財産について強制執行などが申し立てられ、手続が開始されたこと、主債務者が破産手続開始の決定を受けたことも元本確定事由とされています（改正民465条の4第2項）。

4　情報提供義務

Q7　改正民法において、事業のために負担する債務の保証を個人に委託をする場合の主債務者の情報提供義務（改正民465条の10）が定められたことに伴い、債権者は、保証契約の締結に際してどのようなことに留意すべきですか。

A　債権者は、主債務者および保証人に対し、主債務者の保証人に対する情報提供に不足や虚偽がないかを確認するとともに、保証人には、保証契約などにおいて主債務者が情報提供義務を履行したことを確認させたうえ、主債務者との契約上もその旨を表明・保証させることを検討すべきです。

事業のために負担する債務について、個人が委託を受けて保証（根保証を含みます）をする場合、主債務者は、保証人に対し、保証契約締結に際して、自らの財産および収支の状況、主債務以外の債務の有無や額、主債務についての他の担保などの情報などを提供する義務があります（改正民465条の10第1項）。

債権者は、主債務者がこの情報提供義務に違反したことについて知りまたは知ることができたときは、保証契約を取り消される可能性があります（改正民465条の10第2項）。

したがって、債権者としては、主債務者の情報提供に不足や虚偽がないかを主債務者および保証人に確認するとともに、かかる確認がなされたことを保証契約などにおいて明記すべきです。

具体的には、保証人による確認条項、主債務者による表明保証条項として以下のように規定することが考えられます。

●想定条項

> 保証人は、民法465条の10第1項に基づき、主債務者から、下記に該当する情報について提供を受けたことを確認する。
> ① 主債務者の財産および収支の状況
> ② 主たる債務以外に負担している債務の有無ならびにその額および履行状況
> ③ 主たる債務の担保として他に提供し、または提供しようとするものがあるときは、その旨およびその内容

●想定条項

> 主債務者は、保証人に対して下記に該当する情報すべてを提供したこと、また当該情報に誤りや不足はないことを表明・保証する。
> ① 財産および収支の状況
> ② 本契約上の債務以外に負担している債務の有無ならびにその額および履行状況
> ③ 本契約上の債務の担保として他に提供し、または提供しようとするものがあるときは、その旨およびその内容

Q8 民法改正を受け、主債務者の委託を受けた保証人から債権者に対して主債務の履行状況などに関する情報提供の請求があった場合に備え、債権者としては契約書の見直しなどの対応をどのようにすべきですか。

A 債権者としては、情報提供に遅滞なく対応できるよう、開示事項をまとめたフォーマットを作成したり、主債務者との契約において主債務者が法定事項の開示に同意する旨の規定を設けるなどの対応を検討するのがよいでしょう。

主債務者の委託を受けた保証人から主債務の履行状況などについての情報提供の請求があった場合、債権者は、遅滞なく、主債務の元本および利息、違約金、損害賠償などについての不履行の有無、残額や、それらのうち弁済期が到来しているものの額に関する情報を提供しなければなりません（改正民458条の2）。そこで、債権者としては、上記開示事項をまとめ

たフォーマットを準備しておくのがよいでしょう。

　なお、債権者によるかかる情報提供義務の履行は、主債務者との契約上の守秘義務に抵触するのではないか、また、主債務者が個人の場合、主債務者の同意を得ないものとして個人情報保護法に抵触するのではないかとの問題が生じる可能性があります。

　もっとも、いずれについても、法令に基づく情報開示として守秘義務違反や個人情報保護法違反には該当しないものと考えられます（個人情報保護法16条3項1号参照）。ただ、これらの問題に関する将来の紛争を避けるため、主債務者との契約において下記のような規定を設けておくのがよいでしょう。

●想定条項

> 主債務者は、保証人からの請求に基づき、債権者が保証人に対し、遅滞なく、主債務の元本および利息、違約金、損害賠償その他債務に従たるすべてのものについての不履行の有無ならびにこれらの残額およびそのうち弁済期が到来しているものの額に関する情報を提供することに予め同意する。

Q9 改正民法において、主債務者が期限の利益を喪失した場合の個人保証人に対する債権者の情報提供義務（改正民458条の3）が定められたことに伴い、債権者として契約書の見直しは必要でしょうか。

A 保証契約上に債権者の情報提供義務に関する規定および保証人の住所の届出義務に関する規定を明記するのがよいでしょう。

　個人保証において主債務者が期限の利益を喪失したときは、債権者は、保証人に対し、期限の利益の喪失を知った日から2か月以内にその旨通知しなければなりません（改正民458条の3第1項）。この通知は、2か月以内に発信するだけでは足りず、2か月以内に保証人に到達しなければなりません（一問一答133頁）。その通知を怠ると、期限の利益を喪失した時点から通知するまでに生ずべき遅延損害金（期限の利益を喪失しなかったとしても生ずべきものは除きます）に関する保証債務の履行を請求すること

ができなくなります（同条2項）。

　債権者としては、債権管理の観点から、保証契約書において当該情報提供義務の存在を明確にしておくのがよいでしょう。また、当該通知を確実に行うためには、保証人の住所を適宜把握する必要があるため、保証人が住所を変更した場合の届出義務を課す規定を設けることを検討すべきです。以下に規定例を示します。

●想定条項

> 1　主債務者が期限の利益を喪失したときは、債権者は、保証人に対し、その利益の喪失を知った日から2か月以内にその旨を通知するものとする。
> 2　保証人は、住所の変更があった場合、直ちに債権者に対し、書面にてその旨および新しい住所を通知しなければならない。
> 3　保証人は、前項の通知を怠った場合、債権者からの通知が到達しなかった場合でも、通常到達すべきときに到達したものとみなすことに異議を述べない。

5　連帯保証における請求の相手方

> **Q10** 民法改正を受け、連帯保証人に対する履行請求によって主債務の時効の完成を防ぐためには契約書上どのような規定を設けておくべきでしょうか。

A　連帯保証人に対する請求が主債務者に及ぶ旨を債権者と主債務者間の契約で規定する必要があります。

　改正民法では、連帯債務者の1人に対する履行請求の効果に関する改正前民法のルールが変更され、相対的効力（他の連帯債務者に及ばない）とされました。

　その結果、連帯債務の規定を準用する連帯保証においても、連帯保証人に対する履行請求の効果は主債務者に及ばず（改正民458条、441条）、主債務について時効の完成猶予または更新の効力は生じないことになります。ただし、例外として、債権者と主債務者が別段の意思表示をしたときには、その意思に従うとされています（改正民458条、441条ただし書）。

　そこで、債権者としては、主債務者との間の契約書において、

> 　債権者の連帯保証人に対する履行請求の効力は、主債務者にも及ぶものとする。

といった規定を設けることで、主債務についても時効の完成猶予または更新の効力が生ずるようにすべきです。

6　その他

Q11　主債務が加重された場合に保証人の負担は加重されないという改正民法448条2項の新設により、契約書の見直しなどの実務上の対応は必要でしょうか。

A　従来の解釈を明文化したものですので基本的に見直しなどは不要です。ただし、賃貸借契約に関する保証契約については、増額後の賃料にも保証人の責任が及ぶことを明示しておくのがよいでしょう（この点については第5章Q8参照）。

Q12　民法改正に伴い、委託を受けた保証人の期限前弁済の求償権の点について、契約上見直しておくべき点はありますか。

A　主債務者としては、期限前弁済の求償権について規定した改正民法459条の2と同趣旨の規定、すなわち、

> 保証人が保証債務を履行したときは、主債務者は保証人に対してその当時利益を受けた限度において償還するものとする。

といった規定を検討すべきでしょう。他方で、保証人としては、改正民法とは異なる規定、すなわち、

> 保証人が保証債務を履行したときは、主債務者は保証人に対して直ちに償還するものとし、その範囲は、履行金額の他、履行日以後の法定利息および支払いのために要した費用を含む。

といった規定を設けることを検討するのがよいでしょう。

改正民法459条の2は、主債務の弁済期が到来する前に保証人が弁済をした場合の求償権について、事後求償権の行使は主債務の期限到来を待たなければならないという従前の判例法理を明確化するとともに、事後求償権の範囲を改正前民法の委託を受けない保証人の事後求償権の範囲と同

様のものにとどめるという趣旨を規定しています。

　もっとも、これらは、主債務者の利益を保護するためのルールですので、主債務者が承諾すればこれと異なるルールを合意することも可能と考えられます。

　したがって、主債務者としては、改正民法と同趣旨の規定を盛り込むことを、保証人としては、改正民法と比較して求償権の行使時期および範囲において保証人に有利となる上記のような規定を設けることを検討するのがよいでしょう。

Q13 改正民法は、その施行日前に締結された保証契約に適用されるのでしょうか。

A 　改正民法施行日前に締結した保証契約には、経過措置により、改正民法は適用されず、改正前民法がそのまま適用されます（改正法附則21条1項）。ただし、賃貸借契約にかかる連帯保証契約については、賃貸借契約が更新された場合について注意が必要です（第5章Q27参照）。

Q14 改正民法施行日前に締結した事業用資金貸付けに対する個人による保証契約について、施行日以後公正証書の作成（Q2参照）が必要となるのでしょうか。

A 　必要ありません。
　施行日前に締結した保証契約については保証債務の発生が施行日以後であっても、経過措置により、改正前民法が適用されますので（改正法附則21条1項）、公正証書の作成は必要ありません。

第9章　支払いなどに関する定め

1　第三者弁済

Q1　民法改正に伴い、第三者弁済についてはどのような変更がありましたか。

A　債権者が、債務者の意思に反することにつき善意である場合などについても、第三者弁済は有効となりました。

　改正民法でも、従来と同様、第三者弁済は原則として有効です。また、改正前民法では、「利害関係を有しない第三者」が債務者の意思に反しては弁済をすることができないとされていたところ（改正前民474条2項）、改正民法では、弁済について「正当な利益を有する者でない第三者」との文言に変更されています（改正民474条2項本文）。さらに、改正民法では、弁済を受ける債権者の保護のため、正当な利益を有する者でない第三者による弁済であっても、債務者の意思に反することにつき債権者が善意であったときには当該弁済は有効となりました（同項ただし書）。

　他方で、履行引受契約の場合のように、第三者が債務者の委託を受けて弁済する場合については、そのことを債権者が知っていた場合は、債権者の意思に反するときであっても弁済できる旨の規定が新設されましたので（改正民474条3項ただし書）、その場合も、債権者は弁済の受領を拒むことができず弁済は有効です。

　また、上記にかかわらず当事者の意思に反した第三者弁済が許されない場合について、債務の性質が第三者の弁済を許さない場合に加え、改正民法474条4項で「当事者が第三者の弁済を禁止し、若しくは制限する旨の意思表示をしたとき」と規定して具体化しています。

2　弁済の方法

> **Q2** 現行契約書では、債務の支払いが銀行振込みとなっていますが、改正民法では、いつ弁済の効果が生じたことになるのでしょうか。

A　改正民法では、債権者が振込先口座の預貯金の「払戻しを請求する権利を取得した時」に弁済の効果が生じるとされました（改正民477条）。

今日では、金銭債務の弁済は、その多くが銀行振込みによる決済によってなされているため、改正民法では、基本的な法律関係を明確にすべきとの方針に基づき、改正民法477条が新設されました。

ただし、弁済の効力発生時期に関する「払戻しを請求する権利を取得した時」の解釈をめぐって争いが生じる余地がありますので、契約実務においては、契約書に弁済による債務消滅の効力発生時点を具体的に規定（「預金の引き出しが可能となった時点」など）することも考えられます。

3 供託

Q3 債権者が弁済金を受け取らない場合の供託について、民法改正によって変わった点はありますか。

A 実質的に変わった点はありません。

改正前民法下では、供託によって債務を消滅させるためには、弁済の提供により債権者を受領遅滞にすることが必要とされていましたが、この点についての明文規定はありませんでした。

そこで、改正民法では、受領拒絶による弁済供託の要件として「弁済の提供」が明記されることになりました（改正民494条1項1号）。

また、従前の解釈では、口頭の提供をしても債権者が受け取らないことが明らかな場合には、弁済の提供すら不要と解されていましたが、この点については、改正法によっても明文化はされていません。もっとも、解釈によって従来と同じように考えられるとされています。

Q4 債務の履行として物品を提供したものの、債権者が受け取らない場合、どうすればよいでしょうか。

A そのような場合のために、自助売却制度が使いやすく整備されました。

改正前民法では、金銭や有価証券以外の物品を目的物とする供託は、裁判所が供託所を指定し供託物の保管者を選任するしくみ（民495条2項）、および、弁済の目的物が供託に適さないなどの場合には、それを競売に付してその代金を供託できる制度（自助売却制度。改正前民497条）がありましたが、使い勝手が悪く、あまり利用されていませんでした。

そこで、改正民法では、特に、自助売却制度を使いやすくすることとし、自助売却の要件として、「その物を供託することが困難な事情があるとき」が加えられました（改正民497条4号）。

また、市場価値の暴落が予想される場合など、物の滅失や損傷といった

物理的な原因以外の原因を含む「価格の低落のおそれがあるとき」にも自助売却が可能となりました（改正民497条2号）。

Q5 改正前民法下で締結した契約について、相手方が受領を拒絶している場合に、改正民法に基づく自助売却制度を利用することができますか。

A 利用することはできません。
　経過措置により、改正民法の規定は、改正民法施行日以後に債務が生じた場合に適用され、施行日より前に債務が生じたものについては適用されません（改正法附則25条1項）。

　そのため、改正前民法下で締結した契約について、相手方が受領を拒絶している場合には、改正前民法で認められていた範囲、すなわち、「弁済の目的物が供託に適しないとき、又はその物について滅失若しくは損傷のおそれがあるとき」「物の保存について過分の費用を要するとき」（改正前民497条）に自助売却制度を利用できるにとどまります。

4 債務の消滅に関する経過措置

Q6 改正民法施行日前に発生した債務について施行日以後に弁済する場合、改正民法の第三者弁済の規定は適用されますか。

A 適用されません。

改正民法の規定は、改正民法の施行日以後に債務が生じた場合に適用され、施行日より前に債務が生じたものについては適用されません（改正法附則25条1項）。

Q7 弁済のほかの債務の消滅事由についての経過措置はどうなっていますか。

A 相殺、更改についてはそれぞれ経過規定が置かれています（改正法附則26条、27条）。

相殺についてはQ11を、更改については第7章Q23をご参照ください。

5 相殺

(1) 不法行為などにより生じた債権を受働債権とする相殺の禁止

> **Q8** 安全配慮義務違反による損害賠償債務に対し貸付債権をもって相殺するとの合意をすることは可能ですか。

A 可能であると考えられます。

改正民法では、改正前民法509条で禁止されていた不法行為に基づく損害賠償債務を受働債権とする相殺だけでなく、安全配慮義務違反・保護義務違反などによる債務不履行責任に基づく人の生命または身体を侵害する損害賠償債務を受働債権とする相殺も禁止されます（改正民509条）。ただし、当該受働債権が「他人から譲り受けた」債権である場合には、相殺は禁止されません（同条ただし書）。

もっとも、改正民法のもとでも、上記の債務の債権者からの相殺は原則可能ですので、当事者双方が任意の相殺に合意しているのであれば、原則として相殺は可能であると考えられます。ただし、事案により信義則や公序良俗による制約はありうることには留意が必要です。

(2) 差押えを受けた債権を受働債権とする相殺の禁止

Q9 自社に対する債権が差し押さえられた後に他人から取得した債権を自働債権、差押債権を受働債権とする相殺合意書を差押債権の債権債務者間で締結することは可能ですか。

A できません。

改正前民法では、差押債権を受働債権、「差押え後に取得した債権」を自働債権とする法定相殺を禁止していましたが（改正前民511条）、改正民法では、「差押え後に取得した債権」であっても、「差押え前の原因に基づいて生じた」債権を自働債権とする法定相殺はできることが明文化されました（改正民511条2項本文）。たとえば、差押え前に納品された商品の瑕疵に関する損害賠償請求権や、差押え前に委託を受けた保証人が差押え後に保証債務を履行したことにより生じた事後求償権、あるいは差押え前に譲り受けた将来債権で差押え後現実に発生した債権を自働債権とする法定相殺（または合意相殺）は許されると考えられます。

しかし、「差押え前の原因に基づいて生じた」ものであっても、差押え後に他人の債権を取得したのであれば、相殺は許されません（改正民511条2項ただし書）。この規定の趣旨（相殺の合理的期待の保護と差押債権者の利益調整）にかんがみれば、このような場合は差押えの時点で相殺の合理的期待がなく、差押債権者の利益を考慮する必要があるためです。このため、設問のように、事後的に合意相殺をすることもできないと考えられます。

(3) 相殺の充当

> **Q10** 相殺の充当に関する民法改正に伴い、現行契約書の相殺条項を見直す必要がありますか。

A 改正民法では、相殺の充当順位について、合意充当が最優先されることが明確になりました（改正民512条1項）。これを機に、相殺時の充当の順位などについて、改正民法512条が定める法定充当ではない内容で、あらかじめ契約書などに規定（合意）しておくことが考えられます。

(4) 経過措置

Q11 相殺に関して、改正民法の施行日前に生じた債権はどのように扱われるのでしょうか。

A 改正民法施行日前に生じている債権については、原則として、改正前民法が適用されます。

改正法の附則において、経過措置として、

① 改正民法施行日前にされた改正前民法505条2項に規定する意思表示（相殺禁止・制限の特約）については、なお従前の例による。
② 改正民法施行日前に債権が生じた場合におけるその債権を受働債権とする相殺については、改正民法509条の規定にかかわらず、なお従前の例による。
③ 改正民法施行日前の原因に基づいて債権が生じた場合におけるその債権を自働債権とする相殺（差押えを受けた債権を受働債権とするものに限る）については、改正民法511条の規定にかかわらず、なお従前の例による。
④ 改正民法施行日前に相殺の意思表示がされた場合におけるその相殺の充当については、改正民法512条および512条の2の規定にかかわらず、なお従前の例による。

と定められているため（改正法附則26条）、上記②③については、改正民法施行日前に生じている債権については影響がないと考えられます。

ただし、上記①によれば、相殺禁止・制限の意思表示を改正民法施行日以後に行った場合には改正民法の適用を受け、当該特約の効果を主張する者が主張立証責任の負担を負うことになり、また、上記④によれば、相殺の意思表示を改正民法施行日以後に行った場合には、充当の順序は原則として改正民法に定める順序となりますので、注意が必要です。

第10章　販売店・代理店契約

本章における定義

販売店契約

　商品などの販売元がその契約の相手方Aに対して商品などを販売し、A自身がその商品などを顧客に転売する（顧客との契約の主体がAとなる）場合における、販売元とAとの契約（Aを「販売店」）

代理店契約

　商品などの販売元がその契約の相手方Bに対して代理権を授与し、Bが販売元の代理人として顧客に対して商品などを販売する（顧客との契約の主体は販売元となる）場合における販売元とBとの契約（Bを「代理店」）

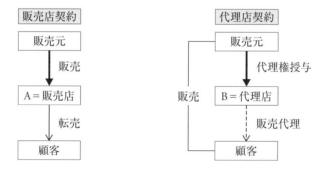

1　総論

Q1　民法改正に伴い、現行の販売店・代理店契約書において改めるべき点はありますか。

A　以下の事項について改定を検討すべきです。

　販売店・代理店契約については、まず、定型約款への該当性を検討する必要があります。また、各契約条項に関しては、代理・委託に関する定め、納品・検収に関する定め、債務不履行、瑕疵担保責任に関する定め、譲渡禁止特約に関する定めなどの見直しが必要となります（Q4～Q12参照）。

> **Q2** 相手方があらかじめ用意した販売店・代理店契約書を利用して契約を締結することを求められる場合、この契約は「定型約款」に該当しますか。

A 定型約款に該当する場合もあると思われます。
定型約款の要件は、第2章Q1～Q7をご参照ください。

① 定型約款に該当する場合

たとえば、ソフトウェアメーカーが多数の代理店を募集する際に、注文方法、提供条件、クレーム対応方針などの取引条件を定めた代理店契約を準備する場合などは、取引内容が画一的であり、個別の契約交渉が行われないことが双方にとって合理的であるといえるため、定型約款に該当する可能性が高いといえます。この場合には、法定の要件を充足する必要があり（改正民548条の2第1項各号）、また、相手方の利益を一方的に害する条項については合意しなかったものとみなされる（同条2項）など、その取扱いについて一定の注意を要します。そのほか、定型約款の効力については、第2章Q1をご参照ください。

② 定型約款に該当しない場合

一方当事者から提示された契約書のひな型をたたき台として両者で取引条件を交渉・修正していくという場合や、単に当事者間の交渉力の格差によって、提示された契約書の交渉・修正ができないという場合には定型約款に該当しないと解されています（・問・答247頁）。

> **Q3** 現行の販売契約上、商品などの販売元があらかじめ用意した契約書を用いて販売店と顧客との契約を締結することとなっている場合、民法改正に伴い、その販売店と顧客との契約は「定型約款」に該当しますか。

●従前の条項例

> 乙（販売店）は、甲（販売元）が指定する契約書を使用して、本契約に基づき、本商品を顧客に販売する。

A 当該契約は「定型約款」に該当する可能性が高いといえます。

　販売店と顧客との取引は、相手方の個性に着目せずに行われる場合が多く、また、販売元と最終消費者（エンドユーザー）とが直接の契約関係を持たないという販売店取引の特性上、販売元が取引内容を指定し、商品などの提供条件などを均一にすることが販売店と顧客の双方にとっても合理性があるものといえるため、その取引が「定型取引」（改正民548条の2第1項）に該当し、当該取引の契約内容とすることを目的として作成された契約書は、「定型約款」に該当する可能性が高いといえます（一問一答246頁参照）。

　なお、この場合の販売店と顧客との契約は、実質的には商品の販売元が準備するものであって、「その特定の者により準備された」（改正民548条の2第1項）にあたらないようにも思えますが、顧客との関係においては、契約の当事者となる販売店が準備したものであるため、この点をもって定型約款の該当性が否定されることはないといえます。

　したがって、上記の従前の条項例に基づき、当該契約書を作成する商品などの販売元は、その契約内容について注意を要するとともに、実際に顧客との契約を締結する販売店としては、契約締結にあたって定型約款の要件（改正民548条の2第1項1号・2号）を満たすように配慮する必要があります。

2 代理・委託（再委託）に関する定めをどうすべきか

> **Q4** 民法改正に伴い、現行の代理店契約書において、代理店への代理権授与に関する定めを改める必要はありますか。

●従前の条項例

> 甲（販売元）は、乙（代理店）に対し、本商品を販売する権限を付与し、乙は甲の代理人として本商品を顧客に販売する。

A 基本的には改める必要はありませんが、代理権濫用に備えた条項を定めることも考えられます。

改正民法では、代理権に関し、その濫用、表見代理、無権代理などに関する規定が新設・変更されていますが、いずれも従来の判例法理を明文化する趣旨での改正であるため、これに従って作成されている契約書の定めを改める必要はありません。

ただし、代理権濫用の場合について、従来は改正前民法93条ただし書を類推適用して一定の場合に無効としてきたところ、改正民法107条ではこれを無権代理と擬制することになりました。これによって、本人による無権代理行為の追認（民113条）や無権代理人に対する責任追及（改正民117条）が可能となりました。他方で、代理店契約において、これらの規定の適用を避け、異なる定めを適用したい場合には、契約書に代理権濫用の場合を処理するための条項を置くことを検討すべきです。

> **Q5** 民法改正に伴い、現行の代理店契約書において、代理店がさらに復代理人である第三者を選任する旨の定めを改める必要はありますか。

●従前の条項例

> 乙(代理店)は、自己の裁量により、本商品を販売する権限を第三者に付与し、当該第三者は甲(販売元)の復代理人として本商品を顧客に販売することができる。

A この場合の代理店の責任の範囲については、改定を検討すべきです。

改正民法においても、復代理人の選任に関する条文には変更がないため(民104条)、代理店がさらに代理店を選任することを予定している場合には、これまで同様、従前の条項例のような条文を置くこととなります。

ただし、この場合の代理店の債務不履行責任について変更がありました。従来、復代理人を選任した代理店は、その選任および監督のみについて責任を負うこととされていましたが(改正前民105条1項)、改正民法では改正前民法105条が削除され、債務不履行の一般規定によって処理されることになります。

したがって、代理店にとっては、従前の条項例のままでは復代理人の選任についての責任範囲が広がるおそれがあるため、その責任範囲を復代理人の選任および監督のみに限定する旨の定めを置くことを検討すべきです。

> **Q6** 民法改正に伴い、現行の販売店契約書において販売店が販売業務を再委託する定めを改める必要はありますか。

●従前の条項例

> 乙(販売店)は、自己の裁量により、本商品の販売業務の全部または一部を第三者に再委託することができる。

A 上記の条項例のような規定であれば、再委託の要件・再委託に関する販売店の責任の範囲などについて、改定を検討すべきです。

　従前の条項例のように販売店が販売業務を第三者に再委託する行為は、委任事務の復委任にあたりますが、復委任については改正民法644条の2が新設されました。これは、従来の解釈を明文化したもので、同条1項は復代理の場合（改正民104条）と同様の規律となっているため、条項の修正の検討にあたっては、Q5と同様の注意が必要となります。

3 債務の履行に関する定めをどうすべきか（納品・検収・弁済の方法）

Q7 民法改正に伴い、現行の販売店契約書の納品・検収に関する定めを改める必要はありますか。

●従前の条項例

> 甲（販売元）は、個別契約の定めに従い、乙（販売店）に対して本商品を納品する。乙は、本商品の受領後遅滞なく、本商品が甲乙間で予め定めた検査基準に従って検査を行い、合格したものを検収する。不合格であった場合、甲に対して、その履行を求めることができる。

A 改める必要があります。

債務不履行時に買主（販売店）がとりうる手段について、改正前民法では明文の規定がありませんでしたが、改正民法では、買主の追完請求権（改正民562条）と代金減額請求権（改正民563条）が定められました（詳細な解説については第3章Q5～Q11をご参照ください）。

改正民法562条、563条は任意規定のため、これを販売店契約においてそのまま適用させることが妥当かどうかを、売主である販売元、買主である販売店双方の立場から検討すべきです。

たとえば、販売店としては、代金減額請求権（改正民563条）を行使しやすくするため、条項を、

> 本商品が不合格であった場合、甲に対して、その履行または代金の減額を選択的に請求することができる。

と改めることや、代金減額の算定方法について、

> 不合格となった項目1箇所につき代金額を10％減額する。

というように明記することが考えられます。

他方、販売元としては、「買主に不相当な負担を課するものでない」こと（改正民562条1項ただし書）の内容を明確に規定し、自ら追完方法を選択できる場合を明確にすることが考えられます。

3 債務の履行に関する定めをどうすべきか（納品・検収・弁済の方法）

Q8 民法改正に伴い、現行の販売店契約書の支払いに関する定めを改める必要はありますか。

●従前の条項例

1　甲（販売元）は、本契約期間中毎月末日に、当月における販売代金を締め、乙（販売店）に対して請求する。
2　乙は、前項の請求に基づき、販売代金を締日の翌月末日までに、甲の指定する口座に振り込むことにより支払う。

A 改める必要はありません。

口座振込みによる弁済については改正民法477条が新設されました。これは、口座振込みにかかる基本的な法律関係を明確にする趣旨の新設ですので、これによって契約条項自体を改める必要はありません。従前の条項例のように口座振込みによる弁済が指定されている契約においては、当該条文の定めに従って弁済の効力が発生することとなります（なお第9章Q2参照）。

4 瑕疵担保責任に関する定めをどうすべきか（契約不適合責任）

> **Q9** 民法改正に伴い、現行の販売店契約書の瑕疵担保責任に関する定めを改める必要はありますか。

●従前の条項例

> 検収時に発見できない瑕疵があった場合、検収後1年以内に乙（販売店）が瑕疵を発見し、乙が甲（販売元）に対して通知したときは、代品の納品、商品の修理または部品の交換の請求をすることができる。

A 改める必要があります。

販売店契約書では、瑕疵担保責任についての定めが置かれている場合が多いですが、民法改正に伴う影響は、他の継続的売買契約の場合と同様のため、詳細は、第3章Q5～Q11をご参照ください。

従前の条項例については、「瑕疵」という文言について、改正民法に即して契約内容に適合するかどうかという観点で定義を改める必要があります。また、「代品の納品、商品の修理または部品の交換」という救済方法については、取引の実態に応じて改正民法における追完請求権や代金減額請求権などとの優劣や関係性を検討したうえでその具体的な内容を定めるべきです。

5 遅延損害金の定めをどうすべきか

Q10 民法改正に伴い、現行の販売店契約書などにおける遅延損害金に関する定めを改める必要はありますか。

●想定条項

> 乙（販売店）が本契約に基づく金銭債務の支払いを遅延したときは、支払期日の翌日から支払済みに至るまで、年○％（年365日日割計算）の割合による遅延損害金を支払うものとする。

A 改める必要はありません。

改正民法404条では、法定利率を変動制とする改正が行われています。しかし、同条は任意規定であり、想定条項のように契約で遅延損害金の利率を定めた場合には当該定めが適用されます。そのため、改正民法施行後もこれを改める必要はありません。

なお、今回の民法改正に伴い、商事法定利率6％を定めた商法514条も削除され、商人間の取引にも改正民法404条が適用されることとなります（改正民法施行時の法定利率は年3％〔同条3項〕）。そのため、従来、商事法定利率が適用されるとの趣旨で契約に遅延損害金に関する定めを置いていなかったような場合には、想定条項のように具体的な定めを新たに定めるべきです。

6　債権譲渡・契約上の地位の移転に関する定めをどうすべきか

Q11　民法改正に伴い、現行の販売店契約書などにおける契約上の地位や権利義務の譲渡禁止に関する定めを改める必要はありますか。

●従前の条項例

> 甲および乙は、相手方の事前の承諾なく、本契約により生じた契約上の地位を移転し、または、本契約により生じた自己の権利義務の全部もしくは一部を第三者に譲渡してはならない。

A　改める必要はありません。
　債権譲渡に関する改正については、第7章Q1に詳述していますが、改正によっても販売店・代理店契約の上記の従前の条項例の変更は必要ないと考えられます。なお、債権譲渡などがなされる場合は、第7章Q2〜Q10に注意が必要です。

7 保証金に関する定めをどうすべきか

> **Q12** 現行契約書で、代理店（販売店）が商品の販売元に対して、保証金を差し入れる定めを置いている場合、民法改正に伴って改めるべき点はありますか。

●従前の条項例

1 乙（販売店／代理店）は、本契約に係る乙の債務の担保として、甲（販売元）に対して金○○円を支払い、甲はこれを本契約締結日に受領した。
2 甲は、乙に対し、本契約終了後○日以内に、前項の保証金から乙の債務金額を控除した残額を返還する。なお、保証金には利息を付さないものとする。

A 改正民法には保証金を特に規制する定めがないので、改める必要はありません。

なお、改正民法においては、上記保証金と同様の趣旨を有する賃貸借契約の敷金について新たな定めが置かれましたが（改正民622条の2、第5章Q4参照）、従前の条項例のような保証金は、改正民法622条の2第1項に定める敷金の定義には含まれず、同条の適用を受けません。したがって、改める必要はないものと思われます。

8　その他

> **Q13** 改正民法施行日前に販売店契約を締結しましたが、個別の商品の販売が改正民法施行日以後になった場合には、当該個別商品に関する契約には改正前民法と改正民法のどちらが適用されますか。

●想定条項

> 本契約は、甲乙間で個別に締結する契約（以下「個別契約」という）につき共通に適用される。ただし、個別契約において本契約と異なる定め、または特別の定めをした場合は、個別契約が本契約に優先して適用される。

A　個別契約の内容によって異なるものと思われます。
　基本契約である販売店契約と個別契約に対する改正民法の適用関係については、第1章Q4に解説されているとおり、販売店契約においても、個別契約については原則として改正民法が適用されるものの、その内容によっては改正前民法が適用される可能性があります。このような不安定な事態を避けるためにも、あらかじめ改正民法の施行にあわせて販売店契約を締結し直すことが望ましいです。

第 11 章　リース契約

1　総論

> **Q1**　民法改正で、リース契約にはどのような影響がありますか。

A　改正民法では、リース契約に関する規定は新設されませんでしたが、関連する賃貸借、売買、保証などに関する改正をふまえて、リース契約書についても見直しを検討するのがよいでしょう。

　民法改正の過程では、ファイナンス・リース契約を含め、リース契約について、新たに民法で規定することが検討されましたが、反対意見が多く、改正民法では規定されませんでした。もっとも、リース契約は、リース会社がサプライヤーから購入したリース物件をユーザーに賃貸する形態をとること、リース契約に保証人をつけることも多く見受けられることから、これらに関する改正法の売買、賃貸借、保証などに関する改正内容をふまえて、リース契約自体も見直す必要があると考えられます。

2 修繕・滅失・瑕疵担保責任に関する規定をどうすべきか

> **Q2** 民法改正を受け、リース契約書におけるリース物件の修繕についての規定の見直しは必要でしょうか。

●従前の条項例

> ユーザーは物件の保守、点検、整備を行い、本物件が損傷したときはユーザーの負担において本物件の修繕を行うものとする。

A 一般的なリース契約書の規定（修繕義務はユーザー負担）を見直す必要はありません。

リース契約書では、一般的にユーザーの帰責事由の有無を問わずリース会社は修繕義務を負わず、ユーザーが物件の保守、点検整備を行い、物件が損傷したときはユーザーの負担で修繕および修復を行う旨が規定されています。

この点、賃貸借契約では、改正民法においても、賃貸人が物件の修繕義務を負うのが原則であり（改正民606条1項）、例外として賃借人の責めに帰すべき事由により修繕が必要となった場合、賃貸人は修繕義務を負わないことが明記されました（同項ただし書）。もっとも、改正民法606条は任意規定であり、異なる合意をすることは可能ですので、前述したリース契約書の修繕に関する一般的な規定にも特に影響を及ぼすものではなく、リース契約書を修正する必要はありません。

> **Q3** 民法改正を受け、リース物件の一部が滅失した場合またはその他の事由で使用・収益できなくなった場合に関して、リース契約書の規定を見直す必要がありますか。

A リース会社としては、物件の滅失、毀損の場合の損害をユーザーが負担するというリース実務の一般的な規定を維持したうえで、ユーザーに通知義務を課す規定を設けるべきでしょう。

リース契約書では、物件が滅失、毀損した場合、ユーザーが損害を負担する（リース料は減額されません。ただし、これに伴うユーザーの損害の大部分は保険でカバーします）という規定を設けるのが一般的です。

一方、改正民法では、賃貸借契約について、賃借物が借主の過失によらず、一部使えなくなった場合、賃借人の減額請求によることなく賃料が当然減額されるという規定が定められました（改正民611条1項）。これは一部滅失に限らず、使用収益ができない場面を広く対象としています（第5章Q7参照）。

リース契約についても、リース物件を使用収益するためにリース契約する側面があることを考えると、このような改正民法の規定が適用される可能性は否定できません。

しかし、リース会社としては、前述したこれまでのリース契約書の規定を維持すべきでしょう。他方で、リース会社としては、このような場合にユーザーが対応すべき内容を明確化するため、使用収益ができなくなった場合の通知義務をユーザーに課すべきです。以下に規定例をあげます。

●想定条項

> ユーザーの責めに帰することができない事由によりユーザーが本物件の一部の使用および収益ができなくなった場合、ユーザーは、リース会社に対し、遅滞なく書面（FAX、メールを含む）にて通知するものとする。この書面には、一部使用および収益ができなくなった日、具体的内容および原因、ならびに修繕が可能な場合にはその旨を記載しなければならない。

Q4 民法改正を受け、リース契約書においてリース物件提供者は瑕疵担保責任を負わないとされている規定を見直す必要はありますか。

●従前の条項例

> ユーザーは、リース会社に対し、本物件の瑕疵について損害賠償請求等はできない。ただし、売主に対し、直接損害賠償請求等ができる。

A 瑕疵担保責任を負わないという趣旨の規定を変更する必要はありませんが、瑕疵担保責任という用語および内容の見直しが必要と考え

られます。

　賃貸借契約も有償契約ですから、賃貸人であるリース会社は改正前民法の瑕疵担保責任を負いますが（改正前民570条、566条、559条）、従前のリース契約では、リース会社は、これらの責任を負わず、ユーザーがサプライヤーに直接請求を行う旨合意されてきました。民法改正後も、そのようなリース実務を変更する必要はないと考えます。

　もっとも、瑕疵担保責任は、改正民法において、契約不適合責任としてその内容について見直しがなされているため、瑕疵担保責任という用語および内容の見直しを検討する必要があります（契約不適合責任については第3章参照）。以下、規定例をあげます。

●想定条項

> 1　リース会社は、ユーザーに対し、本物件販売業者を介しリース物件を搬入し、ユーザーは、直ちに本物件について外観、数量、種類および品質に関して契約の内容に適合しないもの（以下「契約不適合」という）がないか確認の上、物件借受証をリース会社に発行する。引渡しは、物件借受証の発行により、完了するものとする。
> 2　リース会社は、本物件の引渡し後、契約不適合に関する責任（以下「契約不適合責任」という）を一切負わないものとする。
> 3　ユーザーが、本物件販売業者に対し、契約不適合を知ったときから〇か月以内に直接契約不適合責任を請求できるよう、リース会社は、本物件販売業者に対する買主としての請求権をユーザーに譲渡する手続をとり、本物件販売業者に対する直接請求に協力する。
> 4　本物件に契約不適合がある場合においても、ユーザーは、リース料の支払義務を免れることはできない。

3 保証人に関する定めをどうすべきか
（公正証書・極度額・情報提供義務）

> **Q5** ファイナンス・リース契約において、個人を保証人とする場合、民法改正に伴い、気をつけるべき点は何ですか。

A 保証契約締結前に公正証書による保証人の意思確認が必要となる可能性があります。

　ファイナンス・リース契約は、一般に、賃貸借を中核とし、金融・サービスの側面をも包含した契約と解されています。このような金融的側面にかんがみると、ファイナンス・リース契約に基づく債務は、ユーザーが事業のために負担した貸金等債務に該当するとも考えられます。したがって、このような貸金等を主債務とする個人による保証契約には、契約締結前に保証人の公正証書による意思確認に関する改正民法465条の6以下の規定が適用される可能性があります。なお、公正証書による意思確認については第8章Q2～Q4を参照してください。

> **Q6** 民法改正を受け、リース契約について個人に根保証をしてもらう場合に備え、リース契約書を見直す必要はありますか。

A 根保証につき必ず極度額を定める必要があります。

　改正民法では、極度額の定めが必須とされる根保証の対象が、貸金等債務の個人根保証から個人による根保証契約一般へと拡大されました（改正民465条の2第1項。第8章Q5参照）。そして、極度額を定めないと契約自体が無効となります（同条2項）。

　そのため、リース契約について個人根保証をしてもらう場合には、極度額の定めが必要になりますが、この極度額として、具体的な金額表示やリース料○か月分などで規定することが考えられます。ただし、極度額は保証契約締結の時点で確定的な金額でなければならないため、リース料○か月分と表示する場合、あわせて月額リース料の具体的金額も契約書に記載する必要があります。特に、リース料に変動があった場合に極度額が変

動後のリース料○か月分を意味すると解される可能性があれば契約が無効となることを避けるため、「保証契約締結時点のリース料○か月分」としておくべきです。

なお、改正民法では、元本確定事由についての規定も改正されていますので、その内容に基づく合意であることを明確にするため、リース契約書に記載すべきです（元本確定事由については、第8章Q6参照）。

Q7 民法改正を受け、リース契約について個人に根保証をしてもらう場合、契約締結前に確認しなければならない点、また契約書に盛り込むべき事項はありますか。

A 契約締結時のユーザー（主債務者）の保証人に対する情報提供義務をふまえた契約プロセスおよび契約書の見直しが必要です。

事業のために負担する債務については、委託を受けた個人による保証・根保証において、主債務者は、保証人に対し、保証契約締結に際して、自らの財産および収支の状況、主債務以外の債務の有無や額、主債務についての他の担保などの情報を提供する義務があります（改正民465条の10第1項）。主債務者がこの情報提供義務を怠ると、一定の場合に保証人は保証契約を取り消すことができます（同条2項）。

リース契約は、その大半が事業用物件であるため、リース契約について個人保証がなされる場合については、当該情報提供義務を前提とした対応が必要になる場合が多いと考えられます。

そこで、保証人による取消権行使のリスクを避けるため、債権者であるリース会社としては、ユーザーによる保証人に対する情報提供義務の履行確認に関してリース契約書を見直すことが必要でしょう（具体的な対応および規定例については、第8章Q7を参照ください）。

Q8

民法改正を受け、リース期間中にリース会社が保証人に対してなすべきこととして、リース契約書について見直すべき点はありますか。

A リース会社が、保証人に対して、ユーザーのリース会社に対する債務（主債務）の履行状況に関する情報提供義務を負担していることに対応すべく、リース契約においてユーザーの同意を取得したり、情報提供用のフォーマットを整備したりするといった対応を検討すべきです。

改正民法では、主債務者から委託を受けた保証において、保証人から請求があった場合、債権者は、遅滞なく、主債務（元本、利息、違約金、損害賠償その他主たる債務に従たるすべての債務）について、不履行の有無、残額、弁済期が到来しているものの額を知らせなければなりません（改正民458条の2）。また、実務上は、主債務者に関する守秘義務違反を避け、個人情報の提供となる場合に備え、念のため情報提供について書面で主債務者の同意をあらかじめ得ておくこと、すみやかに情報提供に対応できるよう情報提供のフォーマットを準備することが必要と考えられています（詳細については第8章Q8参照）。

そのため、リース契約においても、同様の対応をとることが求められます。

Q9

民法改正を受け、主債務者が期限の利益を喪失した場合の個人保証人に対する債権者の情報提供義務に関して、リース契約書に盛り込むべき事項はありますか。

A 実務上、リース契約書において、ユーザーが期限の利益を喪失した場合のリース会社の個人保証人に対する情報提供義務を明記すること、保証人に住所の届出義務を課す規定を設けることが必要と考えられます。

改正民法では、主債務者が期限の利益を喪失した場合の債権者の保証人に対する情報提供義務が新設されました（改正民458条の3）。

そのため、リース契約においては、たとえば、ユーザーが、毎月のリー

ス料の支払いを遅滞した場合に期限の利益を喪失するという約定がある場合に、ユーザーがリース料の支払いを遅滞したときには、リース会社は、保証人に対して期限の利益の喪失を知ったときから2か月以内にその利益を喪失したことを通知しなければなりません（改正民458条の3第1項）。その通知を怠った場合には、期限の利益喪失時から通知するまでの間に発生した遅延損害金を請求できません（同条2項）。

　そこで、この規定に対応するため、リース契約書において、ユーザーが期限の利益を喪失した場合のリース会社の通知義務を契約書に明記すること、また、通知義務を適切に履行できるように保証人に対して住所の届出義務を課す規定を設けることが必要であると考えられます（具体的な規定については、第8章Q9参照）。

第12章　使用貸借

1　使用貸借の諾成契約化

Q1　改正民法のもとでは、借用物を引き渡す前でも使用貸借契約を締結することはできますか。

A　改正民法では、使用貸借は諾成契約に改められたので、借用物を引き渡す前でも使用貸借契約を有効に締結することができます（改正民593条）。

なお、使用貸借契約の成立には書面による合意は不要ですが、紛争を避けるため、契約書を取り交わすことが望ましいです。その際、使用貸借をする趣旨、目的、使用期間、修繕費の負担、原状回復義務の範囲などにつき明確に定めておくとよいでしょう。

Q2　改正民法において、使用貸借の借主が借用物を受け取るまでの間、貸主に解除権が認められる場合がありますが、借主としてはどのように対応すべきでしょうか。

A　書面による契約を締結し、貸主がこのような解除をできないようにすることが考えられます。

改正民法593条の2は、使用貸借の目的物を借主が受け取るまで貸主に契約の解除権を認めています。しかし、書面による使用貸借の場合には、このような解除権は認められていません。したがって、解除を避けたい借主としては、書面による使用貸借契約の締結を求めるべきでしょう。

2 その他

> **Q3** 民法改正を受け、使用貸借契約における原状回復義務について見直す必要はありますか。

A 貸主としては、通常損耗や経年変化（以下「通常損耗等」といいます）も原状回復の対象に含まれる旨を契約書に明記すべきです。他方で、借主としては、それらが原状回復の対象にならないことを明記すべきです。

　改正民法599条3項は、原状回復義務の原則を明文化しています。そして、賃貸借では明文で通常損耗等が原状回復義務の対象から除外されている（改正民621条）のと異なり、使用貸借では「借用物を受け取った後にこれに生じた損傷」についての原状回復義務を定めるものの、通常損耗等がこの原状回復の範囲に含まれるかは個々の事案における解釈に委ねられています。したがって、通常損耗等を原状回復の範囲に含めたい貸主としては契約書にその旨を明記すべきであり、借主としては、原状回復の範囲に含まれないことを明記すべきでしょう。

> **Q4** 民法改正では、使用貸借の借主の用法違反による貸主の損害賠償請求について、どのような改正がなされたのですか。

A 目的物返還から1年間は、損害賠償請求権の消滅時効の完成が猶予されることになりました。

　用法違反による貸主の借主に対する損害賠償請求権は、改正民法のもとでは、貸主が返還を受けてから1年間時効の完成が猶予されます（改正民600条2項）。したがって、用法違反に基づいて損害賠償請求権が発生してから10年（あるいは貸主が権利を行使できることを知った時から5年）が経過していたとしても、目的物の返還から1年以内であれば、なお損害賠償請求が可能です。貸主としては、目的物の返還を受ける際に目的物に損傷がないかすぐに確認し、猶予期間内にすみやかに権利行使をすべきで

す。

> **Q5** 民法改正を受け、使用貸借の終了に関する契約書の条項について、特に気をつける点はありますか。

●従前の条項例

> 第○条　乙は、本物件を○○○の目的のために使用するものとし、それ以外に使用してはならない。
> 第○条　本件使用貸借の期間は、平成○年○月○日から平成○年○月○日までとする。

A　従前の条項例同様、終了時期に関する紛争を避けるため、契約期間、使用目的を明確に記載することが重要です。

使用貸借の終了については、改正民法においても、実質的なルールの変更はありません。

使用貸借は期間を定めたときは期間満了時に終了します（改正民597条1項）。期間を定めなかった場合、使用収益の目的を定めたときは、借主が目的に従い使用収益し終わったときに終了します（同条2項）。期間の定めも目的の定めもないときは、貸主はいつでも契約を解除することにより契約を終了させることができます（改正民598条2項）。

他方で、借主はいつでも契約の解除が可能です（改正民598条3項）。

これらは改正前民法の規定および解釈を実質的に変更するものではないため、民法改正を機に見直す必要ありません。ただし、改正前民法下での実務と同様、紛争防止のため、契約書作成の際に、期間の定め、使用収益の目的については明確に記載しておくとよいでしょう。

> **Q6** 改正民法施行日前に締結された使用貸借契約に改正民法の適用はありますか。

A　改正民法施行日前に締結された使用貸借契約には、経過措置により、改正前民法が適用されます（改正法附則34条1項）。

第13章　寄託

1　寄託の諾成契約化

> **Q1**　民法改正により、寄託契約が諾成契約とされたことに伴い、現行の寄託契約書を見直す必要がありますか。

A　見直しが必要と考えられます。

一部の倉庫寄託契約のように、契約時に物の引渡しを要しない契約である場合（またはかかる内容に変更したい場合）は、改正民法によって明確にされた寄託物引渡し前の規律について、契約書や約款上も明記しておくことが考えられます。

受寄者は寄託物を受け取るまでは寄託者は契約を解除することができる一方、寄託者は解除によって受寄者に生じた損害を賠償する必要があることが明文化されましたので（改正民657条の2第1項）、契約書などにかかる規律を明記しておくことが考えられます。

この損害は、寄託により得られたはずの利益から債務を免れたことによって得た利益を控除したものと解されるところ、これに従って、あらかじめ合理的な範囲で違約金の額を定めておくことも考えられます。

また、受寄者も一定の要件のもと寄託物を受け取るまでは契約の解除をすることができますので（改正民657条の2第2項・3項）、この解除によって損害が生じうる場合には、上記と同様に違約金の額を定めておくことは有効です。

2 寄託物の使用および第三者による保管（受寄者の自己執行義務）

Q2 現在使用している倉庫寄託契約書には再寄託の条件に関する条項が置かれていませんが、民法改正を受け、契約書を見直す必要がありますか。

A 見直しが必要と考えられます。
　改正民法では、寄託者の承諾がなくても、受寄者は「やむを得ない事由」があれば再寄託できることになります（改正民658条2項）。そこで、現行の契約が顧客との関係で原則として再寄託が認められない契約となっている場合でありながら、将来において再寄託をする可能性がある場合は、寄託物の性質などをふまえ、契約書にも再寄託が認められる「やむを得ない事由」を例示する（自ら寄託をなしえず、寄託者の許諾を得るのも難しく、寄託物を返還することもできない状況など）などの修正をすることが考えられます。

3　受寄者の通知義務

> **Q3** 倉庫寄託契約における受寄物について第三者が差押えなどの法的措置をとってきた場合に備え、民法改正を受け、現行の契約書の条項を見直すべきですか。

A 見直しが必要と考えられます。

改正民法では、寄託物について権利を主張する第三者が受寄者に対し差押えなど一定の法的措置をとった場合、原則として受寄者は通知義務を負うものの、寄託者がかかる事実を認識している場合には寄託者への通知は不要である（改正民660条1項ただし書）としています。また、寄託物の返還について、例外的に寄託物を第三者へ引き渡してよいケース（寄託者の指図・確定判決。同条2項）が明文化されました。

そこで、これらの内容を契約書上も明記しておくことが考えられます。

4　損害賠償および費用の償還請求権についての期間の制限

Q4　民法改正を受け、寄託業者（受寄者）が寄託物に関して費用を支出した場合について、寄託業者としてはどのようなことに留意すればよいですか。

A　受寄者が寄託物に関して費用を支出した場合、寄託者への償還請求は寄託物の返還後1年以内にしなければならないこととされました（改正民664条の2第1項）。

そのため、寄託業者（受寄者）としては、請求期間の管理に留意する必要があるほか、改正民法664条の2第1項の内容について顧客（寄託者）にもわかりやすく契約書や約款などに明記することなどが考えられます。

5　混合寄託

Q5　民法改正を受け、現行の混合寄託契約書について見直すべき内容はありますか。

A　見直しが必要と考えられます。

混合寄託は、従来から倉庫寄託を中心に利用されているとされており、受寄者が寄託物と同様の物を返還する必要がない点で通常の寄託とは異なり、受寄者が寄託物の処分権を取得しない点で消費寄託と異なる性質を持っていますが、それぞれの法律関係を明確にするため明文が設けられました（改正民665条の2第1項・2項）。

また、混合寄託においては、寄託物の一部の滅失により損害を受けた寄託者が受寄者に対しその賠償請求をすることは可能であるとされました（改正民665条の2第3項）。

そのため、寄託業者（受寄者）としては、契約書上、寄託物の総量に対する滅失量の割合を寄託料にかけた額を賠償額の上限とするなど、損害の範囲について合理的な制限を設けることが考えられます。

6　消費寄託

Q6　民法改正を受け、現行の消費寄託契約書や約款などで見直すべき事項はありますか。

A　見直しが必要と考えられます。

　返還時期の定めがある消費寄託においては、預貯金契約（定期預金など）を除き、返還時期の到来前に寄託物を受寄者から寄託者へ返還するには「やむを得ない事由」が必要となります（改正民666条、民663条2項）。そこで、従来どおり受寄者から「いつでも」寄託物を返還できるようにしたい場合は、消費寄託契約書や約款などでその旨規定（変更）しておく必要があります。

　また、寄託者または定期預貯金契約の受寄者（銀行など）が相手方に対し返還時期到来前の返還を求めた場合、それにより相手方に生じた損害の賠償義務が生じることが明確になりましたが（改正民662条2項、666条3項、591条3項）、この「損害」の範囲は解釈に委ねられます。そこで、寄託契約書や定期預貯金約款などであらかじめ合理的な内容（違約金）の特約・合意をしておくことが有用です。

　なお、消費寄託における寄託物の返還にかかる新旧規律は下記のとおりです。

		寄託物の返還にかかる新旧規律（比較表）			
		寄託者（預金者等）		受寄者（銀行等）	
返還時期の合意なし（普通預金など）	改正前民法	いつでも返還請求可 （改正前民666条2項）	改正前民法	いつでも返還可 （改正前民666条1項、591条2項）	
	改正民法	いつでも返還請求可 （改正民666条、662条1項）	改正民法	預貯金以外	いつでも返還可 （改正民666条、民663条1項）
				預貯金	いつでも返還可 （改正民666条3項、591条2項）

返還時期の合意あり（定期預金など）	改正前民法	返還請求不可	改正前民法	いつでも返還可 （民136条2項参照）
	改正民法	いつでも返還請求可 （改正民666条、662条1項）	預貯金以外	やむをえない事由で返還可 （改正民666条、民663条2項）
		損害の賠償 （改正民666条、662条2項）	預貯金	いつでも返還可 （改正民666条3項、591条2項） 損害の賠償 （改正民666条3項、591条3項）

第一東京弁護士会司法制度調査委員会編『新旧対照でわかる　改正債権法の逐条解説』（新日本法規、2017年）358頁をもとに作成。

7 経過措置

> **Q7** 寄託契約について、改正民法の施行日前後における法律の適用関係はどうなりますか。

A 施行日前にされた寄託については改正前民法が適用され、施行日以後にされた寄託については改正民法の適用を受けることになります（改正法附則34条1項）。

第14章　贈与

1　総論

> **Q1** 改正民法において、贈与の対象物について「自己の財産」から「ある財産」(改正民549条)とされたことに伴い、現行の贈与契約書を見直す必要がありますか。

A　契約書の見直しは不要と思われます。

　もともと「自己の財産」ではない他人物の贈与も有効と解されており(最判昭和44・1・31判時552号50頁)、改正民法549条はその点を明確にしただけと解されますので、対象物を特定して行う契約実務に影響はないと考えられるからです。

　なお、他人物贈与者の責任の有無は個々の契約の趣旨によって異なりますので、契約書上で個別に合意しておくことも、従来と変わりません。

2 贈与者の引渡義務など

> **Q2** 改正民法において、改正前の贈与者の担保責任の規定が贈与者の引渡義務に改められたことで、現行の贈与契約書を見直す必要がありますか。

A 見直しが必要な場合があると考えられます。

改正前民法では、贈与者が贈与の目的物などについて瑕疵または不存在を知りながら告げなかった場合に担保責任を負うこととされていましたが（改正前民551条ただし書）、改正民法では、贈与者は、贈与の目的である物などを、贈与の目的として特定した時点での状態で引き渡すことを約したものと推定する規定（改正民551条1項）に改正されました。これは、売買契約の担保責任が「瑕疵」の存在に基づくものから「契約不適合」に基づくものに変更されたことと平仄をあわせた改正です。

そのため、改正民法に基づく上記のような推定が働くことを避け、贈与者の責任の有無・範囲を定めたい場合は、贈与契約書などにおいて引渡義務に関する個別の合意をしておく必要があります。

3 経過措置

> **Q3** 贈与契約について、改正民法の施行日前後における法律の適用関係はどうなりますか。

A 施行日前にされた贈与契約については改正前民法が適用され、施行日以後にされた贈与契約については改正民法の適用を受けることになります（改正法附則34条1項）。

第15章　債権者代位権・詐害行為取消権

1　債権者代位権

> **Q1**　民法改正を受け、債権者代位権を行使するうえで注意すべきことはありますか。

A　改正前民法の規定や従来の判例法理とは異なる規定が設けられていますので注意が必要です。

改正民法では、債権者代位権に関する規定が全面的に見直されました（改正民423条～423条の7）。改正前民法の規定や従来の判例法理とは異なる規定もいくつか設けられており、そのなかでも特に実務において重要な点は、以下のとおりです。

① 期限未到来の債権について、保存行為を除き、債権者代位権を行使できず、従前認められていた裁判上の代位の制度も廃止されました（改正民423条2項）。

② 従前の判例と異なり、債権者代位権が行使された後も、債務者は被代位権利を自ら取り立て、処分することができることが明示されました（改正民423条の5前段）。これに伴い、被代位権利の相手方（第三債務者）が、債権者代位権が行使された後に債務者に履行（弁済）することも妨げられないことが確認されました（同条後段）。

③ 債権者代位訴訟を提起した代位債権者には、債務者に対する訴訟告知義務が課せられることになりました（改正民423条の6）。

Q2 債権者代位権を利用した債権回収の方法について注意すべきことはありますか。

A 以下の各事項に留意する必要があります。

① 代位行使の範囲や債権者への支払いなどについて以下の規定が明文化されました。

　i 被代位権利の目的が可分の場合には、自己の債権額の限度でのみ債権者代位権を行使可能であること（改正民423条の2。なお、不可分の場合には全部について代位行使が可能）。

　ii 被代位権利が金銭の支払いまたは動産の引渡しを目的とするものである場合には、債権者は、相手方に対してその支払いや引渡しを直接自己に対して求めることができること（改正民423条の3）。

　なお、改正民法でも債権者において、相手方（第三債務者）から支払いを受けた金銭を債務者に返還する債務と、債務者に対する債権とを相殺することは制限されません。そのため、従来どおり債権者代位権を利用することで事実上の債権回収を図ることは可能です。

② 改正民法では、債権者によって債権者代位権が行使された後も、債務者は被代位権利を行使することができるとされています（改正民423条の5前段）。また、被代位権利の相手方も、債権者代位権行使後に債務者に弁済することが可能になりました（同条後段）。

　そのため、債権者代位権を行使して債権回収を図ろうとしても、別途債務者が回収を図る可能性がありますので、債務者の権利行使前に、被代位権利の保全手続をとることを検討する必要があります。

③ 改正民法により、債権者が訴訟によって被代位権利を行使する場合に、債務者に対して訴訟告知することが義務づけられました（改正民423条の6）。そのため、債権者代位訴訟が提起されたことは必ず債務者も認識することになります。

Q3 改正民法施行日前に発生した債権を、施行日以後に代位行使する場合、改正民法と改正前民法のどちらが適用されるのでしょうか。

A 改正前民法が適用されます。
　施行日前に発生した債権を代位行使する場合には、経過措置により、改正前民法が適用されることになりますので（改正法附則18条）、注意が必要です。

2 詐害行為取消権

Q4 民法改正を受け、詐害行為取消権を行使するうえで注意すべきことはありますか。

A 改正民法では、詐害行為取消権について、破産法の否認権の規定や従前の判例法理と平仄をあわせつつ、一部ではそれらを修正する新たな規定も設けられていますので注意が必要です。

改正民法では、詐害行為取消権の成立要件、行使の方法および効果などについて、破産法の否認権に関する規定や従来の判例法理をふまえつつ、細かく規定、整理されました（改正民424条～426条）。破産法の規定や従来の判例法理を修正する新たな規定もいくつか設けられており、それにあわせて破産法の否認権に関する規定も一部改正されています。そのなかでも特に実務において重要な点は、以下のとおりです。

① 債務者が既存の債務についてした担保提供行為または債務消滅行為について詐害行為取消権を行使できる要件が明確化されました。具体的には、それらの行為について、次の i および ii のいずれも満たす必要があります（改正民424条の3）。

　i 債務者が支払不能の時に行われたものか（改正民424条の3第1項1号）、または債務者の義務に属せず、もしくはその時期が債務者の義務に属しないものであって支払不能になる前30日以内に行われたものであること（同条2項1号）。

　ii 債務者と受益者とが通謀して他の債権者を害する意図をもって行われたものであること（改正民424条の3第1項2号・2項2号）。

　なお、破産法では、上記 ii は要件とされていませんが（改正破161条1項1号）、改正民法では、従前の判例法理を踏襲し、要件として求められることが確認されました（一問一答104頁）。

② 改正前民法下の判例では、債務者の詐害行為によって債務者から受益者、受益者から転得者に財産が移った場合、受益者が善意であっても、転得者が悪意であれば、転得者に対する詐害行為取消権の行使を

認めていました。

　これに対し、改正民法では、取消権行使の相手方となる転得者だけでなく、その前に転得したすべての転得者と受益者が悪意でなければ、詐害行為取消権を行使することができなくなりました（改正民424条の5）。

　なお、改正前破産法では、転得者に対して否認権を行使するためには、否認権を行使される転得者において、その前者が否認の原因について悪意であることを知っていなければならないとされていました（二重の悪意。改正前破170条1項）。しかし、その立証は困難であることから、改正民法では、債務者がした行為が債権者を害することについて、転得者が知っていれば足りるとされ、破産法も同様の規定に改正されています（改正破170条1項）。

③　改正前民法下では、詐害行為取消訴訟の確定判決の効力は債務者に及ばないと解されていましたが、改正民法では、判決効が債務者に対しても及ぶこととされました（改正民425条）。この改正を受け、債務者の手続保障の観点から、詐害行為取消訴訟を提起した債権者に、債務者に対する訴訟告知義務が課せられました（改正民424条の7）。

④　詐害行為取消請求を受けた転得者に、受益者の債務者に対する反対給付の返還請求権などを行使することを認める規定が新設されました（改正民425条の4）

⑤　詐害行為取消権行使の制限期間が、消滅時効期間ではなく出訴期間に改められました。また、長期の制限期間について、「行為の時から20年」（改正前民426条）が、「行為の時から10年」に短縮されています（改正民426条）。

Q5　民法改正を受け、詐害行為取消権を利用した債権回収の方法について注意すべき点はありますか。

A　以下の各事項に留意する必要があります。

①　破産法の否認権に関する規定や従前の判例法理をふまえ、詐害行為

ごとに取消権の要件が整理、明文化されました（改正民424条〜424条の5）。

　　特に、改正民法では、転得者に対して詐害行為取消権を行使する場合には、その転得者だけでなく、その前に転得したすべての転得者と受益者が債務者の詐害行為について悪意であることが必要となりましたので（改正民424条の5）、ご注意ください。
② 詐害行為取消権の行使の方法などについて以下の規定が明文化されました。
　　i 債権者は、受益者または転得者に対する詐害行為取消請求において、債務者がした行為の取消しとともに、その行為によって受益者に移転した財産または転得者が転得した財産の債務者への返還（それが困難であるときは価額の償還）を請求できること（改正民424条の6）。
　　ii 債務者がした行為の目的が可分の場合には、自己の債権額の限度でのみ取消権を行使可能であること（改正民424条の8。なお、不可分の場合には全部について取消権の行使が可能）。
　　iii 詐害行為取消請求とともに、受益者または転得者に対して財産の返還を請求する場合には、その返還の請求が金銭の支払いまたは動産の引渡しを目的とするものであるときに限り、債権者は、受益者などに対してその支払いまたは引渡しを直接自己に対してするよう求めることができること（改正民424条の9）。

　　　なお、改正民法下でも、債権者において、受益者などから支払いを受けた金銭を債務者に返還する債務と、債務者に対する債権とを相殺することは制限されていません。そのため、従来どおり詐害行為取消権を利用することで事実上の債権回収を図ることは可能です。
③ 詐害行為取消訴訟の確定判決の効力が債務者に対しても及ぶこととされました（改正民425条）。この改正を受け、詐害行為取消訴訟を提起した債権者に、債務者に対する訴訟告知義務が課せられています（改正民424条の7）。
④ 詐害行為取消権行使の制限期間が、消滅時効期間ではなく出訴期間

に改められました。また、長期の制限期間について、「行為の時から20年」（改正前民426条）が、「行為の時から10年」に短縮されています（改正民426条）。

> **Q6** 改正民法施行日前に行われた詐害行為を施行日以後に取り消す場合、改正民法と改正前民法のどちらが適用されるのでしょうか。

A 改正前民法が適用されます。

施行日前に行われた詐害行為を取り消す場合には、経過措置により、改正前民法が適用されることになります（改正法附則19条）。

巻末資料1：売買取引基本契約書

売買取引基本契約書

　買主○○（以下「甲」という）と売主○○（以下「乙」という）は、甲が△△内にて開設・運営する飲食店（以下「□□カフェ」という）に関して、乙が甲に販売する商品の売買に関し基本事項を定めるため次の通り契約を締結する。

第1条（原則）
1　この基本契約（以下「本契約」という）に定める事項の中、個別の売買契約に関するものは、この契約の有効期間中、甲乙間に締結される一切の売買契約につきその内容として共通に適用されるものとする。
2　甲および乙は、甲乙間の取引を相互利益尊重の理念に基づいて信義誠実に履行し、公正な取引関係を維持するものとする。

第2条（売買の目的物）
　この契約に基づく売買の目的となる商品の範囲は別紙で定める通りである。

第3条（個別契約の締結）
1　乙から甲に対して、売り渡される商品の品名、数量、単価、引渡し条件、代金支払い期限、方法その他売買につき必要な条件は、この契約に定めるものを除き、個別売買の都度甲乙間において、別に締結される売買契約をもって定める。
2　前項の売買契約は、甲の提出する注文書（メールおよびFAXによる方法を含む）と乙の交付する注文請書（メールおよびFAXによる方法を含む）の交換によって代えることができる。この場合には乙の注文請書（メールおよびFAXによる方法を含む）の交付の時に個別的売買契約が成立するものとする。

第4条（商品の仕入れ）
1　甲は「□□カフェ」の営業において、第16条記載の品質の保持のため、別紙で定める各商品については乙からこれを購入することとし、他社の同様の商品を仕入れてこれを乙から購入した商品と併売してはならない。
2　甲は、乙から各商品を購入するにあたって、当該商品の価格が他社の同様の商品と比べて著しく高価である場合については、これを乙に申し入れ価格

についての協議をすることができる。

第5条（危険の移転）
　商品の引渡し前に生じた商品の滅失、毀損、減量、変質その他一切の損害は、甲の責めに帰すべきものを除き乙の負担とし、商品の引渡し後に生じたこれらの損害は乙の責めに帰すべきものを除き甲の負担とする。

第6条（検査および引渡し）
1　乙は、個別売買契約に定める期日に、約定場所において商品を甲に引き渡すものとし、甲は、乙から商品の引渡しを受けたときは、引渡しの日を含め2日以内に商品の検査をするものとする。なお、甲から乙に対して、引渡しの日を含め2日以内に商品について通知がない場合には検査に合格したものとみなす。
2　商品の引渡しは、前項の甲の検査終了と同時に完了する。検査遅延により乙に生じた損害は甲の負担とする。
3　商品の所有権は、商品の引渡しがあった時に、乙から甲に移転するものとする。ただし、個別売買契約に特約を定めた場合には代金の弁済があるまで商品の所有権は移転しないものとする。

第7条（目的物の引取り等）
1　乙は、検査不合格品、契約数量を超過した部分、契約を解除された商品およびその他甲より返却されるべき商品を、自己の費用をもって、甲の通知が到達した日から7日以内に引き取らなければならない。
2　前項の期間経過後において乙の引取りがない場合には、甲は乙の費用をもって商品を返送することができる。

第8条（弁済）
　売買代金は、個別売買契約の約定に従い支払期限までに現金または乙の指定する口座に振込送金する方法で支払うものとする。なお、振込手数料は甲の負担とする。

第9条（遅延損害金）
　甲が、売買代金の支払いを怠ったときには、乙に対し支払い期限の翌日から完済まで年10%の割合による遅延損害金を支払うものとする。

第 10 条（期限の利益の喪失）
　甲が次の各号に該当する場合、乙の請求を受けたときは、甲は直ちに債務の全額を一時に弁済しなければならない。
① 本契約または個別契約の条項に違反し、相当の期間を定めて是正を催告したにもかかわらず、当該期間内に是正を行わないとき
② 個別契約上の売買代金支払債務その他一切の債務につき支払義務を怠ったとき
③ その振出しに係る手形または小切手が不渡りとなったとき
④ 強制執行・保全処分・競売の申立てまたは滞納処分を受けたとき
⑤ 破産手続開始の申立て、会社更生手続開始の申立てまたは民事再生手続開始の申立てがあったとき
⑥ 解散または営業の全部もしくは重要な一部を第三者に譲渡しもしくは譲渡しようとしたとき
⑦ 監督官庁から営業取消、営業停止等の処分を受けたとき
⑧ 財産状態が悪化し、またはそのおそれがあると認められる相当の事由があるとき

第 11 条（商品の任意処分）
1　甲が、引渡し期日に商品を引き取らない等契約の履行を怠った場合には、乙はいつにても、その商品を任意に処分の上、その売得金をもって甲に対する損害賠償債権を含む一切の債権に充当し、不足額があるときは、甲に請求することができる。
2　前項の場合において、他の個別売買契約による引渡し未了商品があるときは、その引渡し期限が到来していないものについても同様とする。

第 12 条（契約不適合商品の納品）
1　乙より甲へ商品を納入した後 1 週間以内に甲が当該商品中に本件契約の内容に適合しないものを発見した場合において、甲が乙に対して遅滞なくその旨を通知したときは、その契約不適合状態が引渡し前の原因による場合、甲は乙に対して、代品納入もしくは商品の修補または代金減額を請求することができる。ただし、直ちに発見しうる契約不適合商品については、甲は、商品の検査をなすべき日の後 2 日以内に通知をしない場合にはその請求権を失うものとする。
2　前項の場合において、当該契約不適合商品および契約不適合状態に基づき甲が損害を被ったときは、甲は乙に対し損害賠償の請求をすることができる。

第13条（不可抗力による免責）
1　天災地変、戦争、暴動、内乱、法令の改廃制定、公権力による命令処分、争議行為、輸送機関の事故その他不可抗力により契約の全部もしくは一部の履行の遅延または引渡しの不能が生じた場合には、乙はその責めに任じない。
2　前項の場合に、当該契約は引渡し不能となった部分については消滅するものとする。

第14条（契約解除）
1　甲または乙は、相手方が第10条各号の一つに該当したときは、何らの通知催告を要せず、直ちに本契約を解除することができるものとする。
2　乙は、第16条の検査の結果、品質の維持ができていないことが判明した場合には、甲に対して催告をし、その後相当期間中に品質の改善がない場合には、本契約を解除することができる。
3　前2項に基づいて本契約が解除されたときは、帰責事由の存する当事者は、相手方に対して、本契約の解除により相手方が被った損害を賠償するものとする。

第15条（事情変更）
　物価の急激な変動その他の事情により個別売買契約の条件によることが著しく不合理であると認められる場合には、各当事者は、当該個別契約の条件の変更申入れをすることができる。相手方が、この申入れに応じないとき、または契約条件の変更によっては当該契約の目的を達することができないときはこれを解除することができる。

第16条（品質の維持）
1　乙は、甲の運営する「□□カフェ」に立ち入り、または甲より所定の書式により報告を求めることができるものとし、甲の販売する商品の品質等について検査することができる。
2　前項に定める検査により、乙が改善の必要がある旨甲に要求した事項については、甲は直ちにその要求に従わなければならない。

第17条（秘密保持）
　甲および乙は、本契約に関して知りえた相手方の営業上、技術上の秘密を、正当な理由なく第三者に開示または漏洩してはならない。

第18条（損害賠償）
　甲または乙が本契約または個別契約の条項に違反し、相手方に損害を与えたときには、違反した当事者は、損害を被った相手方に対してその損害を賠償するものとする。

第19条（有効期間）
　本契約は、甲が「□□カフェ」の運営業務を継続する限りにおいて有効であるものとする。

第20条（協議）
　本契約に定めなき事項または解釈に疑義を生じた事項については、甲乙協議の上、解決するものとする。

第21条（準拠法および合意管轄）
　本契約の準拠法は日本法とし、本契約に関して発生する紛争については、東京地方裁判所を第一審の専属的合意管轄裁判所とする。

　本契約の成立を証するため本書2通を作成し、甲乙記名捺印の上、各1通を保有する。

　　　　　　年　　月　　日

　　　　　　　　　甲：住　所

　　　　　　　　　　社　名　　　　　　　　　　印

　　　　　　　　　乙：住　所

　　　　　　　　　　社　名　　　　　　　　　　印

別紙

商 品 目 録

　　1　〇〇
　　2　◇◇

巻末資料２：建物賃貸借契約書

建物賃貸借契約書

　賃貸人〇〇（以下「甲」という）、賃借人〇〇（以下「乙」という）および連帯保証人〇〇（以下「丙」という）は、以下のとおり建物賃貸借契約（以下「本契約」という）を締結する。

第１条（契約の目的）
　甲は、乙に対し、下記の物件（以下「本物件」という）を賃貸し、乙はこれを賃借する。
記
（略）

第２条（賃貸借期間）
1　賃貸借の期間は、〇〇〇〇年〇〇月〇〇日から〇〇〇〇年〇〇月〇〇日までの〇年間とする。
2　甲または乙が期間満了の６か月前までに相手方に対して書面にて更新しない旨の通知をした場合を除き、前項の期間は２年間自動更新され、以後も同様とする。

第３条（使用目的）
　乙は、本物件を事務所として使用し、他の用途に使用してはならない。

第４条（賃料・共益費）
1　賃料は月額金〇〇円とし、乙は甲に対し、毎月〇日までにその翌月分を甲の指定する銀行口座に振り込む方法により支払う。振込手数料は乙の負担とする。
2　乙は、本物件および共用部分の維持管理に必要な費用に充てるため、前項の賃料とともに、共益費として月額金〇〇円を甲に支払う。振込手数料は乙の負担とする。

第５条（賃料および共益費の改定）
1　賃料および共益費の改定は、本契約第２条第２項の契約更新時に行うことができる。
2　前項にかかわらず、甲および乙は、賃料および共益費が経済事情の変動、

公租公課の増減、近隣賃料等の比較等により不相当となったときは、契約期間中においても、相手方に対し、賃料および共益費の増減の請求をすることができる。

第6条（敷金）
1　乙は、甲に対し、本契約に基づく債務の履行を担保するため、金〇〇円を敷金（以下「敷金」という）として、〇〇〇〇年〇〇月〇〇日までに無利息で預託する。
2　甲は、乙が本契約上の義務を全うし本物件を完全に明け渡した場合、明渡し後1か月以内に敷金全額を乙に返還する。ただし、乙の甲に対する債務が残存する場合、甲は、本敷金額から当該債務額を差し引いて返還することができる。
3　甲は、乙が賃料等の不払い、その他本契約または付帯契約に基づく債務の履行を遅滞した場合、事前に書面により通知した上で、敷金の全部または一部をもって充当することができる。
4　前項の場合、乙は、直ちに敷金の不足額を補填しなければならない。
5　乙は、敷金をもって賃料その他の債務との相殺をすることおよび甲に相殺、充当するよう請求することはできない。
6　乙は、敷金返還請求権を第三者に譲渡または担保に供する等、一切の処分をしてはならない。

第7条（賃借権の譲渡および転貸の禁止）
　　乙は、本契約に基づく賃借権を第三者に譲渡し、または本物件の全部または一部を第三者に転貸してはならない。ただし、乙が甲に対し、あらかじめ書面にて、第三者に乙の管理の下で本物件を使用させることを申し出た場合であって、甲の書面による承諾を得たときはこの限りではない。

第8条（修繕等の実施方法および費用負担）
1　甲は、乙が本物件を使用するために必要な修繕を行わなければならない。甲が修繕を行う場合は、甲は、あらかじめ、その旨を乙に通知しなければならない。この場合において、乙は、正当な理由がある場合を除き、当該修繕の実施を拒否することができない。
2　本物件の使用により修繕が必要となった場合、乙は甲に対し、修繕が必要となった旨を遅滞なく書面にて通知しなければならない。この通知には、修繕が必要となる具体的場所、想定される修繕内容および見込まれる費用を記載しなければならない。

3　乙は、前項の通知後、甲の書面による承諾を得たとき、修繕の必要が認められるにもかかわらず、甲が正当な理由なく修繕を実施しないとき、または急迫の事情があるときは、本物件に必要な修繕を行うことができる。
4　修繕にかかる費用については、当該修繕が必要となった原因が乙の責めに帰すべき事由による場合は、乙の負担とし、その他の場合は、甲の負担とする。

第9条（一部滅失等による賃料減額請求等）
1　乙の責めに帰することができない事由により本物件の一部が滅失その他の事由により使用または収益ができなくなった場合、乙は、甲に対する書面通知により、滅失した部分の割合に応じて、賃料の減額を請求することができる。ただし、乙は、この書面通知に、一部の使用または収益ができなくなった日、具体的内容および原因、修繕が可能な場合にはその旨ならびに修繕が必要となる具体的場所、想定される修繕内容および見込まれる費用を記載しなければならない。
2　乙は、本物件の一部が滅失その他の事由により使用できなくなった場合において、残存する部分のみでは乙が賃借をした目的を達することができないときは、本契約を解除することができる。

第10条（全部滅失等による終了）
　本物件の全部または大部分が滅失その他の事由により使用および収益をすることができなくなった場合には、甲または乙の帰責事由の有無にかかわらず、本契約は終了する。

第11条（契約解除）
1　乙が次のいずれかの事由に該当したときは、甲は催告なしに直ちに本契約を解除することができる。
　①　第4条の賃料の支払いを3か月以上怠ったとき
　②　本契約に定める条項に違反し、相手方に対し、催告したにもかかわらず14日以内に当該違反が是正されないとき
　　……（略）……
2　前項の場合、乙は、解除によって甲が被った損害を賠償するものとする。

第12条（原状回復）
1　乙は、甲に本物件を返還する際、本物件を受け取った後にこれに生じた損傷（通常の使用および収益によって生じた本物件の損耗ならびに本物件の経

年劣化を除く）がある場合、当該損傷を原状に復する義務を負う。ただし、その損傷が乙の責めに帰することができない事由によるものであるときは、この限りでない。
2　前項の規定にかかわらず、本契約締結時に原状回復についての特約（別表）を定めた場合、甲および乙は、本物件の明渡し時に、別表に基づき乙が行う原状回復の内容および方法について協議するものとする。
3　乙が本物件に動産、建具、設備、造作物等を残置したときは、乙は当該動産等の所有権を放棄したものとみなし、甲はこれを任意に処分し、処分に要した費用を乙に請求することができる。

第13条（造作買取請求権等）
　乙は、本物件の明渡しに際し、その事由および名目の如何を問わず、本物件および造作設備について支出した諸費用の償還請求または移転料、立退料、権利金等一切の金銭請求をすることはできず、本物件内に乙の費用をもって設置した造作設備の買取りを甲に請求することはできない。

第14条（譲渡禁止）
　甲および乙は、本契約上の地位あるいは本契約に基づき取得した権利を、第三者に譲渡し、担保に供してはならない。ただし、相手方の事前の書面による承諾がある場合はこの限りでない。

第15条（連帯保証）
1　丙（連帯保証人）は、乙と連帯して、本契約に関連する乙のすべての債務を保証する。
2　丙の連帯保証債務は、本契約締結後に賃料増額があった場合の増額後の賃料にも及ぶものとする。
3　前項による丙の保証極度額は〇〇〇円とする。
4　丙が負担する債務の元本は、次の各号に掲げる場合に確定するものとする。ただし、第1号に掲げる場合にあっては、強制執行または担保権の実行の手続の開始があったときに限る。
　① 　甲が丙の財産について金銭の支払いを目的とする債権についての強制執行または担保権の実行を申し立てたとき
　② 　丙が破産手続開始の決定を受けたとき
　③ 　乙または丙が死亡したとき
5　丙は、民法465条の10第1項に基づき、乙から、下記各号に該当する情報について提供を受けたことを確認する。

① 乙の財産および収支の状況
　② 本契約上の債務以外に負担している債務の有無ならびにその額および履行状況
　③ 本契約上の債務の担保として他に提供し、または提供しようとするものがあるときは、その旨およびその内容
6　乙は、丙に対して下記各号に該当する情報すべてを提供したこと、また当該情報に誤りや不足はないことを表明・保証する。
　① 財産および収支の状況
　② 本契約上の債務以外に負担している債務の有無ならびにその額および履行状況
　③ 本契約上の債務の担保として他に提供し、または提供しようとするものがあるときは、その旨およびその内容
7　甲の丙に対する履行の請求の効力は、乙【および他の連帯保証人】にも及ぶものとする。
8　乙は、丙からの請求に基づき、甲が丙に対し、遅滞なく、本契約上の債務の元本および利息、違約金、損害賠償その他債務に従たるすべてのものについての不履行の有無ならびにこれらの残額およびそのうち弁済期が到来しているものの額に関する情報を提供することに予め同意する。

第16条（合意管轄裁判所）
　本契約に関して紛争が生じた場合、東京地方裁判所を第一審の専属的合意管轄裁判所とする。

第17条（協議事項）
　本契約に記載のない事項または本契約の条項に関し疑義を生じたときは、甲乙協議の上決定するものとする。

　本契約の成立を証するため本書3通を作成し、甲乙丙記名捺印の上、各1通を保有する。

　　　　　年　　月　　日

　　　　　　　甲：住　所

　　　　　　　　　社　名　　　　　　　　　　　印

　　　　　　　　乙：住　所

　　　　　　　　　　社　名　　　　　　　　　　印

　連帯保証人　丙：住　所

　　　　　　　　　　社　名　　　　　　　　　　印

巻末資料３：金銭消費貸借契約書

金銭消費貸借契約書

　貸主○○（以下「甲」という）、借主○○（以下「乙」という）および連帯保証人○○（以下「丙」という）は、甲が乙に対し以下の約定により金員を貸し付けることに合意したので本金銭消費貸借契約（以下「本契約」という）を締結する。

第１条（消費貸借の合意）
　甲は、乙に対し、本契約の条件に従い金○○○円（以下「本貸付金」という）を貸し付け、乙は、甲に対し、本契約の条件に従い本貸付金を返還することを合意する。

第２条（本貸付金の交付）
1　甲は、乙に対し、本貸付金を、○○○○年○○月○○日に、乙の指定する銀行口座に振り込む方法により貸し渡す。振込手数料は甲の負担とする。
2　乙が甲から本貸付金の交付を受ける前に乙について破産手続開始、民事再生手続開始、会社更生手続開始または特別清算開始の申立てが行われた場合、本契約は直ちにその効力を失うものとする。

第３条（交付前の解除）
　乙は、前条に基づき甲から本貸付金を受け取るまで、甲に対し書面で通知することにより、本契約を解除することができる。ただし、当該解除によって甲に損害（本貸付金の調達のための費用を含むがこれに限らない）が生じた場合には、甲は、乙に対し、損害の賠償を請求することができる。

第４条（利息）
　本貸付金は、年○％とし、乙が第２条に基づき本貸付金を受領した日から発生するものとし、以後毎月末日までに、当該月分の利息を甲の指定する銀行口座に振り込む方法により支払う。振込手数料は乙の負担とする。

第５条（返済期限）
1　乙は、甲に対し、本貸付金を○○○○年○○月から○○○○年○○月まで、毎月末日限り金○○円ずつ、甲の指定する銀行口座に振り込む方法によ

り支払う。振込手数料は乙の負担とする。
2　乙は、前項に定める約定返済のほか、延滞等特別な事情がない限り、いつでも（休日を含む）繰上返済をすることができる。ただし、乙は、甲に対し、繰上返済の手数料および違約金として金〇〇〇円を支払うものとする。

第6条（遅延損害金）
　本契約に基づく債務の履行を遅滞した場合、遅滞した当事者は、相手方に対し、年〇パーセントの割合による遅延損害金を支払うものとする。

第7条（期限の利益の喪失）
　乙に次に掲げる事由が一つでも生じたときは、何らの通知または催告がなくとも、乙は、当然に本契約に基づく一切の債務について期限の利益を喪失するものとし、直ちにその債務全額を弁済する義務を負う。
　① 第4条または第5条の支払いを2回怠ったとき
　② 仮差押え、仮処分、強制執行、競売申立てを受けたとき
　③ 破産手続開始、民事再生手続開始、会社更生手続開始または特別清算手続開始の申立てが行われたとき
　　……（略）……

第8条（連帯保証）
1　丙は、乙と連帯して、本契約により生じる乙の甲に対するすべての債務を保証する。
2　丙は、民法465条の10第1項に基づき、乙から、下記各号に該当する情報について提供を受けたことを確認する。
　① 乙の財産および収支の状況
　② 本契約上の債務以外に負担している債務の有無ならびにその額および履行状況
　③ 本契約上の債務の担保として他に提供し、または提供しようとするものがあるときは、その旨およびその内容
3　乙は、丙に対して下記各号に該当する情報すべてを提供したこと、また当該情報に誤りや不足はないことを表明・保証する。
　① 財産および収支の状況
　② 本契約上の債務以外に負担している債務の有無ならびにその額および履行状況
　③ 本契約上の債務の担保として他に提供し、または提供しようとするものがあるときは、その旨およびその内容

4　甲の丙に対する履行の請求の効力は、乙【および他の連帯保証人】にも及ぶものとする。
5　乙は、丙からの請求に基づき、甲が丙に対し、遅滞なく、本契約上の債務の元本および利息、違約金、損害賠償その他債務に従たるすべてのものについての不履行の有無ならびにこれらの残額およびそのうち弁済期が到来しているものの額に関する情報を提供することに予め同意する。
6　乙が前条の規定により期限の利益を喪失したときは、甲は、その利益の喪失を知った日から2か月以内にその旨を丙に通知するものとする。
7　丙は、住所の移転があった場合、直ちに甲に対し、書面にてその旨および新しい住所を通知しなければならない。
8　丙は、前項の変更の通知を怠った場合、甲からの通知が到達しなかった場合でも、甲からの通知が通常到達すべきときに到達したものとみなすことに異議を述べない。

第9条（合意管轄裁判所）
　本契約に関して紛争が生じた場合、東京地方裁判所を第一審の専属的合意管轄裁判所とする。

第10条（協議事項）
　本契約に記載のない事項または本契約の条項に関し疑義を生じたときは、甲乙協議の上決定するものとする。

　本契約の成立を証するため本書3通を作成し、甲乙丙記名捺印の上、各1通を保有する。

　　　　年　　月　　日

　　　　　　　甲：住　所

　　　　　　　　　社　名　　　　　　　　　　　　　　印

　　　　　　　乙：住　所

　　　　　　　　　社　名　　　　　　　　　　　　　　印

連帯保証人　丙：住　所

　　　　　　　　　社　名　　　　　　　　　　印

事項索引

<あ　行>

安全配慮義務違反 …………………… 174
異議をとどめない承諾 ………… 60, 142
意思表示 ……………………………… 17, 18
委託を受けた保証人 ………… 162, 163
委任 ……………………………………… 112〜
違約金 …………………………… 34, 48, 202
請負 …………………………………… 105〜, 120
請負人の担保責任 ……… 107, 108, 109

<か　行>

買戻し ……………………………………… 38
隔地者間の契約の成立時期 ………… 21
隠れた瑕疵 …………………… 22, 41, 43
瑕疵 …………………………………… 108, 123
貸金等債務 ……………………… 57, 74, 160
瑕疵担保責任 …… 19, 22〜, 40〜, 186, 193
　　──の免責 ……………………………… 41
株式譲渡契約 ………………………… 54〜
借主の用法違反 ……………………… 200
元本確定期日 …………………………… 160
元本確定事由 ………………… 160, 196
危険の移転 ……………… 32, 34, 50, 134
期限の利益の喪失 ……… 76, 164, 197
危険負担 …………………………… 19, 50, 56
期限前弁済 ……………………………… 69
　　──の求償権 ……………………… 167
帰責事由 ……… 25, 30, 31, 42, 49, 122
寄託契約 ………………………………… 202
寄託の諾成契約化 …………………… 202
基本契約 ……………………… 4, 16, 190
求償権 …………………………………… 148
協議条項 ………………………………… 15
協議を行う旨の合意 ………… 14, 15
強行規定 ………………………………… 2

供託 ………………………………… 138, 171〜
業務委託 ……………………………… 120〜
極度額 ……………… 74, 86, 160, 195
経過措置 …… 3, 12, 15, 18, 35, 47, 77, 102, 103, 111, 116, 119, 132, 145, 150, 155, 168, 172, 173, 177, 201, 209, 212, 215, 219
継続的売買契約 ……………………… 21〜
経年変化 …………………… 95, 96, 200
競売における担保責任 ……………… 51
契約上の地位の移転
　………………… 35, 58, 140, 141, 188
契約書ひな型 …………………… 6, 179
契約の解除 …………… 30, 31, 49, 55
契約不適合 ….. 22〜, 40〜, 107〜, 124, 131, 133, 186, 194
検収 ……………………………… 34, 134
原状回復義務 …………… 95, 96, 200
合意更新 ………………………… 102, 104
更改 ……………………………………… 151〜
公正証書 …………………… 72, 157〜, 195
抗弁の切断 …………………………… 142
抗弁放棄の意思表示 …… 142, 143, 153
個人根保証 ………………… 160, 195
個人の保証人 ………………………… 57
個別契約 ……………………… 4, 16, 190
顧問契約 ………………………… 129, 131
雇用 ……………………………………… 117〜
混合寄託 ……………………………… 206
コンサルタント契約 ……………… 128〜

<さ　行>

再委託 …………………………… 121, 183
再寄託 …………………………………… 203
債権者代位権 ……………………… 213〜
債権者の交替 ………………………… 153
債権譲渡 ……………………… 135〜, 188

催告解除 …………………………… 32, 122
裁判上の代位 ………………………… 213
債務者の交替 ………………………… 152
債務消滅行為 ………………………… 216
債務引受 ………………………… 60, 146~
債務不履行解除 ……………………… 19
債務不履行責任
　　………… 27~, 30~, 48, 49, 55~
　　——に基づく人の生命または身体を侵
　　害する損害賠償債務 ……………… 174
詐害行為取消権 …………………… 216~
詐欺 …………………………………… 18
錯誤 …………………………… 17, 51
差押え後に取得した債権 …………… 175
差押え前の原因に基づいて生じた債権
　　……………………………………… 175
差押えを受けた債権 ………………… 175
敷金 ………………………… 80~, 100
事業者間の取引 ………………………… 6
事業譲渡 …………………………… 54~
事業のために負担した貸金等債務（事業
　　性借入れ）…………… 72, 157, 195
事業のために負担する債務 …… 75, 88,
　　162, 190
時効 ………………………………… 13~
　　——の完成猶予 ‥ 13, 14, 15, 73, 200
　　——の完成猶予事由 ……………… 14
　　——の客観的起算点 ………… 13, 14
　　——の更新 ……………………… 13, 73
　　——の主観的起算点 ……………… 13
施行日 ………………………………… 3
自助売却制度 ………………………… 171
自動更新 ……………………………… 102
修正請求（追完請求）……………… 123
修繕義務 ……………………… 23, 192
受益者 ………………………………… 217
受寄者の通知義務 …………………… 204
主債務の履行状況 …… 75, 88, 163, 197
出訴期間 ……………………………… 217
受任者の利益 ………………………… 115

準委任 ……………………… 120, 126
準消費貸借 …………………………… 71
商事法定利率 ………………………… 187
使用貸借
　　——の終了 ………………………… 201
　　——の諾成契約化 ……………… 199
譲渡禁止特約 ………………… 34, 98
譲渡制限特約 ……………… 59, 137, 139
商人間の売買 ………………………… 133
消費寄託 ……………………………… 207
消費者契約法 ………………………… 96
消費貸借 ……………………………… 62
　　——の予約 ………………………… 63
商法526条 …………………………… 125
賞与 …………………………………… 119
将来債権譲渡 ……… 60, 99, 139, 141
将来の賃料債権 ……………………… 99
書面でする消費貸借 ……………… 63~
所有権移転登記 ……………………… 39
信頼関係破壊の法理 ………………… 92
信頼利益 ……………………………… 46
心理的・環境的な瑕疵 ……………… 43
心裡留保 ……………………………… 18
数量不足 ……………………………… 26
成果報酬 ……………………… 114, 126
製造物供給 ………………………… 133~
相殺 ………………………………… 174~
　　——の禁止 ……………… 174, 175
　　——の充当 ………………………… 176
相殺制限特約 ………………………… 144
相対的効力 …………………… 87, 166
贈与 ………………………………… 210~
　　——者の担保責任 ………………… 211
　　——者の引渡義務 ………………… 211
訴訟告知義務 ………………… 213, 217
ソフトウェア開発契約・設計契約
　　……………………………………… 123~
損害賠償 …… 19, 27~, 42, 46, 48, 56
損害賠償額の予定 ………………… 29, 48

事項索引　239

<た　行>

代金減額請求（権）……26, 40, 45, 184
第三者弁済………………………169
代替物の交付……………………24
代理権授与………………………181
代理権濫用………………………181
諾成的消費貸借…………………63, 64
　　──契約の解除………………65〜
他人物贈与………………………210
（債務引受における）担保権・保証の移
　転…………………………………149
担保提供行為……………………216
（更改における）担保の移転………154
遅延損害金………27, 76, 164, 187, 198
注文書……………………………21
賃借人
　　──の妨害排除等請求権…………98
　　──の用法違反………………102
賃借物
　　──の一部滅失等……………83, 92
　　──の修繕……………………82
　　──の全部滅失等……………93
賃貸借……………………………78〜
　　──契約の保証………………103
賃貸人たる地位…………………140
　　──の移転……………………100, 101
　　──の留保……………………101
賃料減額…………………………83
追完請求（権）……23, 24, 40, 44, 184
追認………………………………51
通常損耗…………………………95, 96, 200
定期預貯金契約…………………207
定型取引…………………………6
定型約款…………5〜, 19, 178, 179, 180
　　──に該当しない約款………7
　　──の不利益変更……………10
　　──の変更……………………9, 11
手付金……………………………37
転貸借……………………………90

転得者……………………………217
填補賠償…………………………48
動機の錯誤………………………17
動産売買契約……………………21〜
到達主義…………………………21
取引上の社会通念……7, 17, 31, 48, 133

<な　行>

任意規定…………………………2
根保証……………………………74, 86, 195

<は　行>

発信主義…………………………21
販売店・代理店契約……………178
否認権……………………………216
表明保証（条項）……54, 99, 139, 144, 162
ファイナンス・リース……………195
不可抗力…………………………30, 133
復受任者…………………………115, 130
復代理人の選任…………………182
不足分引渡請求…………………26
不動産売買契約…………………37〜
不特定物…………………………26
不法行為…………………………174
併存的債務引受…………………146
弁済の方法………………………170
法定更新…………………………103
法定利率…………………………27
　　──の変動制…………………187
保護義務違反……………………174
保証………………………………156
　　──における情報提供義務
　　………35, 75〜, 88, 162〜, 196, 197
保証意思…………………………72
保証金……………………………189
保証債務の付従性………………85
保証人……………………………72〜, 195〜

<ま　行>

無催告解除 …………………………… 122
免責的債務引受 ……………… 61, 147

<や　行>

約款の不利益変更 …………………… 10

<ら　行>

リース契約 …………………………… 191
履行拒絶権 …………………………… 59

履行請求 ………………… 73, 87, 166
履行利益 ……………………………… 46
利息 …………………………………… 68
連帯債務 ……………………………… 166
連帯保証 ……………………………… 166
連帯保証人 ……………… 73, 86, 87
労働基準法 ………………… 117, 118

<わ　行>

割合的報酬 … 106, 113, 117, 119, 126, 129, 130

編者・著者紹介

【編者】

辺見　紀男（へんみ・のりお）

　　弁護士（第一東京弁護士会所属）　サンライズ法律事務所パートナー
　　中央大学法学部卒業　平成元年4月弁護士登録。
　　日本弁護士連合会常務理事、第一東京弁護士会副会長、同会総合法律研究所委員長、同会社法研究部会部会長、旧司法試験第2次試験考査委員（商法担当）、サッポロホールディングス株式会社社外監査役などを歴任。現在、王子ホールディングス株式会社社外監査役、日弁連司法制度調査会商事経済部会特別委嘱委員（法制審会社法改正バックアップ委員）など。『企業再編の理論と実務──企業再編のすべて』（商事法務、2014）、『非公開会社・子会社のための会社法実務ハンドブック』（商事法務、2015）、『会社経営者・人事労務担当者のための労働法実務ハンドブック』（商事法務、2015）、『企業のためのマイナンバー法実務ハンドブック』（商事法務、2015）、『役員会運営実務ハンドブック』（商事法務、2016）など、編著書多数。

武井　洋一（たけい・よういち）

　　弁護士（第一東京弁護士会所属）　明哲綜合法律事務所パートナー
　　東京大学教養学部教養学科卒業　平成5年4月弁護士登録。
　　第一東京弁護士会総合法律研究所委員長、同会社法研究部会部会長、（現・同会計監査制度研究部会副部会長、同金融商品取引法研究部会・倒産法研究部会にも所属）、日弁連司法制度調査会商事経済部会特別委嘱委員、新司法試験考査委員（商法担当）、日本トムソン株式会社社外取締役などを歴任。『改正会社法対応版　会社法関係法務省令逐条実務詳解』（清文社、2016）ほか、『非公開会社・子会社のための会社法実務ハンドブック』（商事法務、2015）、『会社経営者・人事労務担当者のための労働法実務ハンドブック』（商事法務、2015）、『企業のためのマイナンバー法実務ハンドブック』（商事法務、2015）、『役員会運営実務ハンドブック』（商事法務、2016）、『会社役員のリスク管理　実務マニュアル』（民事法研究会、2018）など、編著書多数。

【編集リーダー】

内田　清人（うちだ・きよひと）
　弁護士（岡村綜合法律事務所）

矢野　　領（やの・りょう）
　弁護士（田邊・矢野・八木法律事務所）

有馬　　潤（ありま・じゅん）
　弁護士（山本柴﨑法律事務所）

岡本　圭史（おかもと・けいじ）
　弁護士（関東法律事務所）

【著者】

大槻　展子（おおつき・のぶこ）
　弁護士（九段坂上法律事務所）

畑中　淳子（はたなか・じゅんこ）
　弁護士（畑中法律事務所）

中村　泰彦（なかむら・やすひこ）
　弁護士

増子　聡之（ましこ・さとし）
　弁護士（ハウスプラス住宅保証株式会社）

丸山　修平（まるやま・しゅうへい）
　弁護士（弁護士ドットコム株式会社）

澤田　孝悠（さわだ・たかひろ）
　弁護士（岡村綜合法律事務所）

保坂　佳臣（ほさか・よしおみ）
　弁護士（一般社団法人全国労働金庫協会）

小川　智史（おがわ・さとし）
　弁護士（ラクスル株式会社）

丸谷　国央（まるたに・くにお）
　弁護士（田邊・矢野・八木法律事務所）

松浦　絢子（まつうら・あやこ）
　弁護士（登録を一時抹消中）（三井不動産投資顧問株式会社）

多賀　　啓（たが・ひろむ）
　弁護士（虎ノ門協同法律事務所）

尾山ひろこ（おやま・ひろこ）
　弁護士（ビー・ブラウンエースクラップ株式会社）

＊所属・肩書きは平成30年12月時点。

法務担当者のための契約実務ハンドブック

2019年3月15日　初版第1刷発行

編　者	辺　見　紀　男
	武　井　洋　一

発　行　者　　小　宮　慶　太

発　行　所　　株式会社　商 事 法 務
〒103-0025　東京都中央区日本橋茅場町 3-9-10
TEL 03-5614-5643・FAX 03-3664-8844〔営業部〕
TEL 03-5614-5649〔書籍出版部〕
https://www.shojihomu.co.jp/

落丁・乱丁本はお取り替えいたします。　　印刷／広研印刷㈱
© 2019 Norio Henmi, Yoichi Takei　　Printed in Japan
Shojihomu Co., Ltd.
ISBN978-4-7857-2700-0
＊定価はカバーに表示してあります。

JCOPY　〈出版者著作権管理機構　委託出版物〉
本書の無断複製は著作権法上での例外を除き禁じられています。
複製される場合は、そのつど事前に、出版者著作権管理機構
（電話 03-5244-5088、FAX 03-5244-5089、e-mail: info@jcopy.or.jp）
の許諾を得てください。